실생활 회화 문장으로 익히는 사이트 워드 학습법

바빠 영어 시리즈
바쁜 친구들이 즐거워지는 빠른 학습책

KB100400

박은정 지음

바쁜 초등학생을 위한 빠른 사이트 워드 ②

Sight Words

이지스에듀

저자 소개 **박은정**

어린이 영어 교육에 15년 이상 몸담은 영어 교육 전문가입니다. 이화여대 영어교육과를 졸업하고 영어 교육 이론과 실질적 경험을 결합하여 이상적인 영어 유치원을 운영하겠다는 철학으로 영어 유치원의 커리큘럼을 직접 설계, 운영하였습니다. 서울교육대학원 TESOL 교육 석사 과정에서 학문적 바탕도 다졌습니다.
현재는 학부모와 영어 교사들을 위한 영어 교육 강의를 진행하고 있습니다. YBM 커리어 캠퍼스에서 미국 교과서 전문가 과정, 파닉스 전문가 과정, 영어 활동 전문가 과정 등의 교육을 진행했으며, 네이버 도치맘 카페를 비롯해 여러 커뮤니티와 유튜브에서 학부모를 위한 라이브 방송도 진행하고 있습니다.
재미있고 효율적인 영어 교육을 고민하면서 어린이들의 읽기 능력 향상을 위해 ≪바쁜 초등학생을 위한 빠른 사이트 워드≫를 집필하였습니다.
저서로는 ≪아이와 간다면, 캐나다!≫, ≪Phonics Cook Book≫이 있습니다.

*인스타그램 @eunjungpark33 / 유튜브 채널 박은정 FunFunEnglish

바쁜 초등학생을 위한 빠른 사이트 워드 ②

초판 발행 2021년 4월 9일
초판 3쇄 2023년 9월 25일
지은이 박은정
발행인 이지연
펴낸곳 이지스퍼블리싱(주)
출판사 등록번호 제313-2010-123호
주소 서울시 마포구 잔다리로 109 이지스 빌딩 5층(우편번호 04003)
대표전화 02-325-1722　팩스 02-326-1723
이지스퍼블리싱 홈페이지 www.easyspub.com　이지스에듀 카페 www.easyspub.co.kr
바빠 아지트 블로그 blog.naver.com/easyspub　인스타그램 @easys_edu
페이스북 www.facebook.com/easyspub2014　이메일 service@easyspub.co.kr

본부장 조은미　기획 및 책임 편집 정지연 | 이지혜, 박지연, 김현주　교정·교열 이수정　문제 검수 이홍주
삽화 이민영, 김학수　표지 및 내지 디자인 정우영, 손한나　조판 책돼지　인쇄 보광문화사
마케팅 박정현, 한송이　영업 및 문의 이주동(nlrose@easyspub.co.kr), 이나리　독자 지원 오경신

잘못된 책은 구입한 서점에서 바꿔 드립니다.
이 책에 실린 모든 내용, 디자인, 이미지, 편집 구성의 저작권은
이지스퍼블리싱(주)과 지은이에게 있습니다.
허락 없이 복제할 수 없습니다.

ISBN 979-11-6303-239-7 64740
ISBN 979-11-6303-213-7(세트)
가격 12,000원

알찬 교육 정보도 만나고 출판사 이벤트에도 참여하세요!

1. 바빠 공부단 카페
cafe.naver.com/easyispub

2. 인스타그램 + 카카오 플러스 친구
@easys_edu　이지스에듀 검색!

• **이지스에듀**는 이지스퍼블리싱(주)의 교육 브랜드입니다.
(이지스에듀는 학생들을 탈락시키지 않고 모두 목적지까지 데려가는 책을 만듭니다!)

이 책을 보는 선생님과 학부모님께

어린이 영어 읽기 독립 선언!

사이트 워드 160개로 영어책 읽기 능력이 향상돼요!

Sight Words 사이트 워드란 무엇일까요? 사이트 워드는 '보자마자 바로 인식되는 단어들', 아주 자주 나오는 단어들이다 보니 '해독하지 않고 바로 읽어 내는 단어들'을 말합니다.

아이들이 한글로 된 책을 읽기까지의 과정을 들여다보면, 수많은 단계를 거치게 됩니다. 자음과 모음을 익히고, 자음과 모음을 조합해 단어를 읽고, 그 단어의 뜻을 이해하는 등의 과정을 거쳐야 '글'을 읽을 수 있고, 마침내 '책'도 스스로 읽을 수 있습니다.

영어도 마찬가지예요. 스스로 글자를 먼저 읽어 내야, 단어를 읽고 문장을 읽고 글 전체를 이해하는 과정으로 넘어갈 수 있습니다. 이렇게 영어 읽기를 잘하기 위해서는 소리와 글자의 관계를 이해하고 글자를 해독할 수 있는 파닉스(phonics)라는 기초가 필요합니다.

파닉스 못지않게 중요한 사이트 워드는 어린이들이 읽는 글에서 자주 등장하는 단어로 선정되므로, 사이트 워드를 공부하고 나면 영어로 된 글이나 책 읽기가 훨씬 편해집니다. 그래서 파닉스와 사이트 워드는 동시에 공부하거나 사이트 워드를 먼저 공부하는 것이 영어 읽기에 효과적입니다.

최신 미국 교과서, 영어 동화, 생활 대화문을 반영한 사이트 워드 책

사이트 워드 목록은 따로 정해져 있지 않지만, 언어학자들이 정리한 단어 목록 몇 가지가 널리 알려져 있습니다. '돌치(Dolch) 박사의 Sight Words List'와 '프라이(Fry) 박사의 Sight Words List'가 가장 유명한데, 오래전에 만들어진 목록이다 보니 최신 빈출 단어가 반영되어 있지는 않습니다. 그래서 ≪바쁜 초등학생을 위한 빠른 사이트 워드≫에는 이 두 사이트 워드 목록에 미국 교과서 K1, G1 단계와 영어 동화, 생활 회화, 교실에서 쓰는 영어 문장을 고려하여 최신 사이트 워드 160개 단어를 수록했습니다.

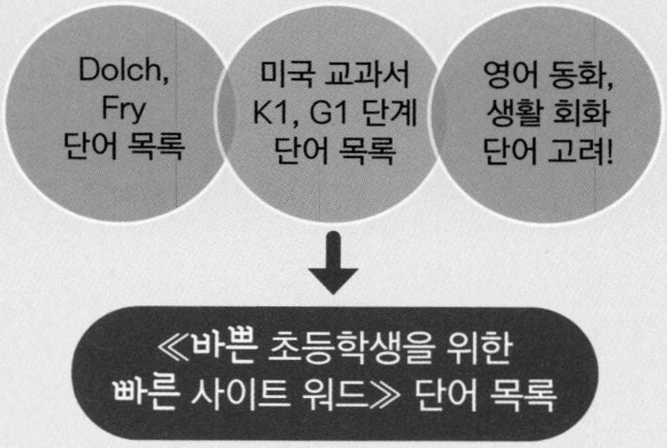

널리 알려진 단어 리스트에 최신 단어를 추가하는 과정을 거친 것이지요. 따라서 이 책을 통해 미국 어린이 영어책 등에 많이 등장하는 최신 단어들을 만나 볼 수 있습니다.

어휘만 조각조각 익히는 사이트 워드 공부는 그만!
단어를 공부하다 보면 영어 회화까지 저절로 해결되는 책!

'무엇'을 공부하느냐 못지않게 '어떻게' 배우는지도 매우 중요해요. 어휘만 익히는 기존의 사이트 워드 학습보다는 실생활에서 사용하는 문장을 이용해 학습하면 더 의미 있고 효율적으로 익힐 수 있겠죠?

What did you say?
I said, "I love you."
▲ 생활 속 대화문으로 사이트 워드를 익혀요!

이 책은 단어만 따로 배우지 않고 문장 안에서 배우니 영어 감각을 키울 수 있어요. 또 이 책의 문장들은 교실에서 선생님과 자주 쓰는 표현, 집에서 쓸 수 있는 표현들이기 때문에 살아 있는 영어 공부가 된답니다. 이 책의 문장들을 집에서 꼭 써먹어 보세요.
이제 이 책으로 일상생활에서 사용할 수 있는 표현을 익히며 사이트 워드를 습득하는 일석이조의 효과를 누릴 수 있어요!

유튜브로 저자 선생님의 강의와 원어민의 발음을 들으며 배울 수 있어요!

이 책에는 복습을 제외한 모든 유닛에 동영상 강의가 있어요. QR코드를 찍으면 동영상 강의가 나올 거예요. 영어 교육 전문가인 선생님의 설명과 원어민의 발음을 듣고 사이트 워드와 대화문을 따라 하기만 하면 발음까지 유창해질 수 있답니다.

글자를 읽을 수 있어야 글 전체를 볼 수 있는 힘이 생기겠지요? 글자를 자동으로 읽어 낼 수 있으면, 글의 전체적인 내용에 집중할 수 있어요. 그것이 바로 사이트 워드의 힘입니다.

지금 바로 사이트 워드 공부를 시작해 보세요. 영어 읽기에 자신감이 생길 거예요!

영어 교육 전문가,
박은정 선생님

동영상 강의와 함께 이 책을 공부하는 방법

A단계

먼저 2분! 동영상 강의로 선생님 설명과 원어민 발음을 들으세요.

QR코드를 찍어 동영상 강의를 재생하세요. 박은정 선생님의 설명과 원어민의 정확한 발음을 들으면서 사이트 워드와 대화 문장을 따라 해 보세요.

unit 26 강의

Why were you late?
Because I got up very late.
A 동영상 강의를 들어 보세요.
이유를 말할 때 보통 'because'로 시작하는 대답을 해요. "매우 늦게 일어났기 때문이에요."라고 대답할 때 "Because I got up very late."이라고 말하는데, 여기서 'got up'은 'get up'의 과거형으로 '일어났다'라는 뜻이에요.

B~E단계

따라 쓰고 빈칸을 채우며 단어를 익히세요.

오늘의 단어를 큰 소리로 읽으면서 따라 써 보세요. 그런 다음 알파벳 퍼즐 속에서 단어에 맞는 스펠링을 찾아보고, 빈칸을 채워 오늘의 단어를 완성해 보세요.
또 우리말 뜻을 보고 영어 단어를 쓸 수 있도록 연습해 보세요.

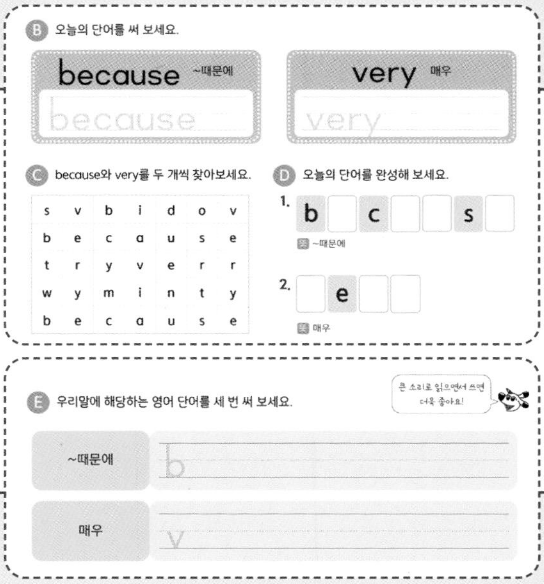

B 오늘의 단어를 써 보세요.
because ~때문에
very 매우
C because와 very를 두 개씩 찾아보세요.
s v b i d o v
b e c a u s e
t r y v e r r
w y m i n t y
b e c a u s e
D 오늘의 단어를 완성해 보세요.
1. b c s
~때문에
2. e
매우
E 우리말에 해당하는 영어 단어를 세 번 써 보세요.
큰 소리로 읽으면서 쓰면 더욱 좋아요!
~때문에 b
매우 v

F단계

생활 회화 문장 속에서 사이트 워드를 익혀요!

영어 수업 시간에 쓸 수 있는 문장, 친구나 가족들과 대화할 때 사용하는 회화 문장 속에서 사이트 워드를 발견할 수 있어요.
이 책을 끝내면 생활 회화 표현이 저절로 익혀질 거예요.

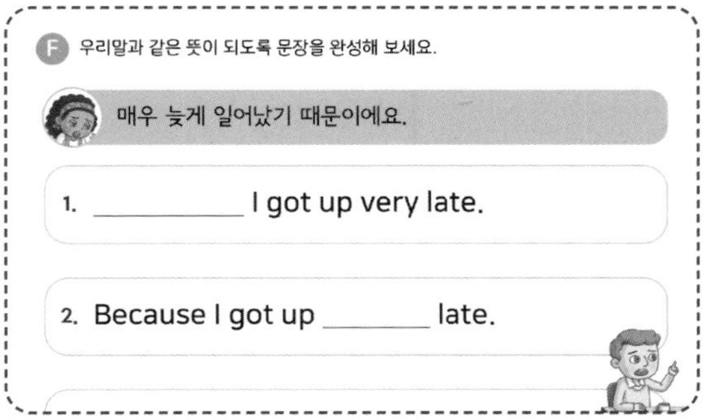

F 우리말과 같은 뜻이 되도록 문장을 완성해 보세요.
매우 늦게 일어났기 때문이에요.
1. ________ I got up very late.
2. Because I got up ______ late.

Contents

바쁜 초등학생을 위한 빠른 사이트 워드 ②

모아서 연습하는 힘! 단어는 기억이 희미해지기 전에 한 번 더 익혀야 해요. 바로 앞에서 배운 6개 유닛 속 단어가 녹아 있는 문장을 모아 복습하도록 과학적으로 설계했어요!

unit 01

You came back.

You came back.

A 동영상 강의를 들어 보세요.

unit 01 강의

여행을 갔거나 아팠던 친구가 다시 돌아왔을 때 "You came back.(너 돌아왔구나.)" 하고 반가움을 표현할 수 있어요. 여기서 'came(왔다)'은 'come(오다)'의 과거형으로, 과거를 나타낼 때는 이렇게 모양이 바뀐답니다.

B 오늘의 단어를 써 보세요.

came 왔다

came

back 다시, 뒤로

back

C came과 back을 두 개씩 찾아보세요.

s	c	o	h	l
c	a	m	e	b
r	m	w	g	a
s	e	h	j	c
t	b	a	c	k

D 오늘의 단어를 완성해 보세요.

1. c [ ] m [ ]

뜻 왔다

2. [ ] a [ ] k

뜻 다시, 뒤로

E 우리말에 해당하는 영어 단어를 세 번 써 보세요.

큰 소리로 읽으면서 쓰면
더욱 좋아요!

왔다	came
다시, 뒤로	back

F 우리말과 같은 뜻이 되도록 문장을 완성해 보세요.

너 돌아왔구나.

1. You ________ back.

2. You came ________.

3. You ________ ________.

4. ________ ________ ________.

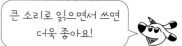

You came back.

은정쌤의
한마디

문장의 첫 글자는 대문자로 시작하는 것 알고 있죠?

unit 02 Happy to see you again.

You came back.
Happy to see you again.

A 동영상 강의를 들어 보세요.

unit 02 강의

처음 보는 사람과 인사할 때 “Nice to meet you.”와 같이 말한다고 배웠죠? 오랜만에 만나는 사람과는 “Happy to see you again.”이라고 인사하면 좋아요.

B 오늘의 단어를 써 보세요.

happy 기쁜, 행복한

happy

see 보다

see

C happy와 see를 두 개씩 찾아보세요.

h	a	p	p	y
a	w	b	f	s
p	i	s	e	e
p	c	a	n	e
y	r	m	x	w

D 오늘의 단어를 완성해 보세요.

1. ☐ a ☐ ☐ y

뜻 기쁜, 행복한

2. s ☐ ☐

뜻 보다

E 우리말에 해당하는 영어 단어를 세 번 써 보세요.

큰 소리로 읽으면서 쓰면 더욱 좋아요!

기쁜, 행복한	h
보다	s

F 우리말과 같은 뜻이 되도록 문장을 완성해 보세요.

너를 다시 보게 돼서 기뻐.

1. ________ to see you again.

2. Happy to ________ you again.

3. ________ to ________ you again.

4. ________ ________ ________ you again.

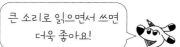

Happy to see you again.

은정쌤의 한마디 'again'은 '한 번 더, 다시'라는 뜻이에요. 오늘의 단어 외에 새로 나오는 단어들도 익혀 두면 좋아요.

unit 03

모아서 연습하기 1st

A **came**, **back**, **happy**, **see** 단어를 따라가면 엄마 펭귄을 만날 수 있어요. 선으로 길을 표시해 보세요.

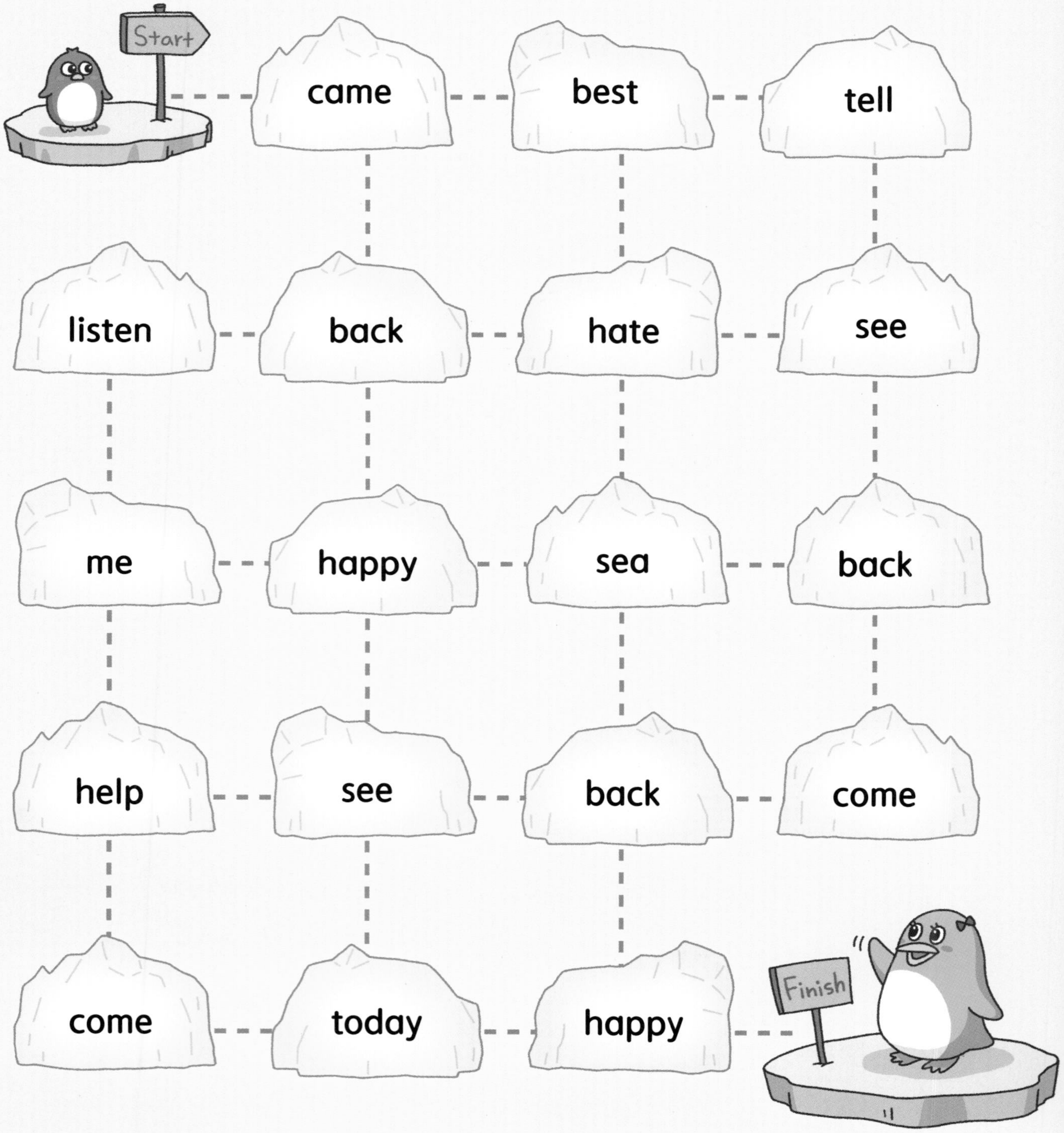

B 영어 단어가 되도록 짝짓고 바르게 써 보세요.

s		ppy		기쁜, 행복한
ha		ack		보다 see
b		ee		다시, 뒤로
c		ame		왔다

C 빈칸에 알맞은 단어를 넣어 문장을 완성해 보세요.

You _____ _____.
너 돌아왔구나.

_____ to _____ you again.
너를 다시 보게 돼서 기뻐.

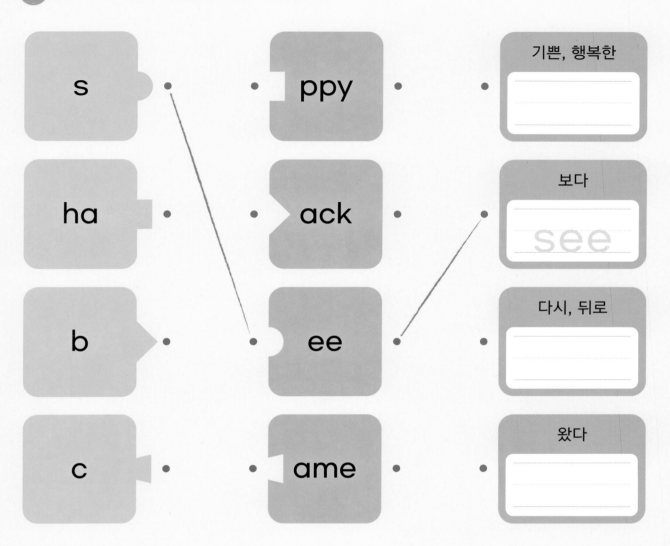

unit 04 What did you say?

What did you say?

A 동영상 강의를 들어 보세요.

unit 04 강의

말을 잘 알아듣지 못하고 다시 질문할 때 “What did you say?(뭐라고 말했어?)”와 같이 물어볼 수 있어요. 여기서 did는 do의 과거형이에요.

B 오늘의 단어를 써 보세요.

did <다른 동사 앞에서 질문하는 문장을 만들 때 쓰임>, 했다

did

say 말하다

say

C did와 say를 두 개씩 찾아보세요.

n	k	g	u	d
c	w	s	a	i
j	s	a	y	d
e	d	y	o	m
d	i	d	p	q

D 오늘의 단어를 완성해 보세요.

1. d □ □

뜻 <다른 동사 앞에서 질문하는 문장을 만들 때 쓰임>, 했다

2. □ □ y

뜻 말하다

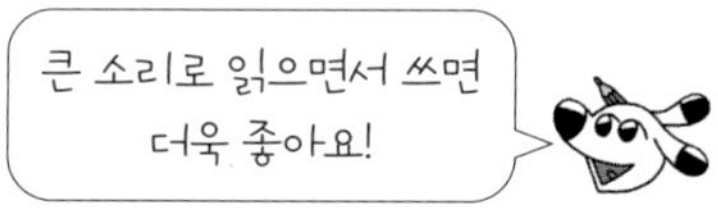
큰 소리로 읽으면서 쓰면 더욱 좋아요!

E 우리말에 해당하는 영어 단어를 세 번 써 보세요.

<다른 동사 앞에서 질문하는 문장을 만들 때 쓰임>, 했다	d
말하다	s

F 우리말과 같은 뜻이 되도록 문장을 완성해 보세요.

뭐라고 말했어?

1. What ________ you say?

2. What did you ________?

3. What ________ you ________?

4. What ________ ________ ________?

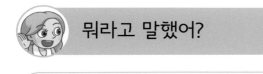

What did you say?

은정쌤의 한마디

what, how, where, who로 시작하는 질문은 문장의 끝을 내려 읽어야 해요. 1권에서 배운 "Where do you live?"처럼요.

unit 05 I said, "I love you."

What did you say?
I said, "I love you."

A 동영상 강의를 들어 보세요.

unit 05 강의

자신이 말한 내용을 상대방에게 그대로 전달하고 싶을 때 전할 문장을 따옴표(" ") 안에 그대로 적어 주세요. **"너를 사랑해."라고 엄마가 말했다.**를 말하고 싶을 때는 My mom said, **"I love you."**라고 하면 되겠지요?

B 오늘의 단어를 써 보세요.

said 말했다

said

love 사랑하다

love

C said와 love를 두 개씩 찾아보세요.

s	a	l	i	r
a	l	o	v	e
i	h	v	q	j
d	j	e	t	b
s	a	i	d	w

D 오늘의 단어를 완성해 보세요.

1. _ a i _

뜻 말했다

2. l _ _ _

뜻 사랑하다

큰 소리로 읽으면서 쓰면 더욱 좋아요!

E 우리말에 해당하는 영어 단어를 세 번 써 보세요.

말했다	s
사랑하다	l

F 우리말과 같은 뜻이 되도록 문장을 완성해 보세요.

"당신을 사랑해요."라고 말했어요.

1. I ________, "I love you."

2. I said, "I ________ you."

3. I ________, "I ________ you."

4. I ________, "I ________ ________."

I said,
"I love you."

은정쌤의 한마디

'said(말했다)'는 'say(말하다)'에서 모양이 바뀐 단어로, 과거를 나타낼 때 써요.

unit 06 모아서 연습하기 2nd

A **did**, **say**, **said**, **love** 단어를 따라가면 부모님에게 꽃바구니를 전할 수 있어요. 선으로 길을 표시해 보세요.

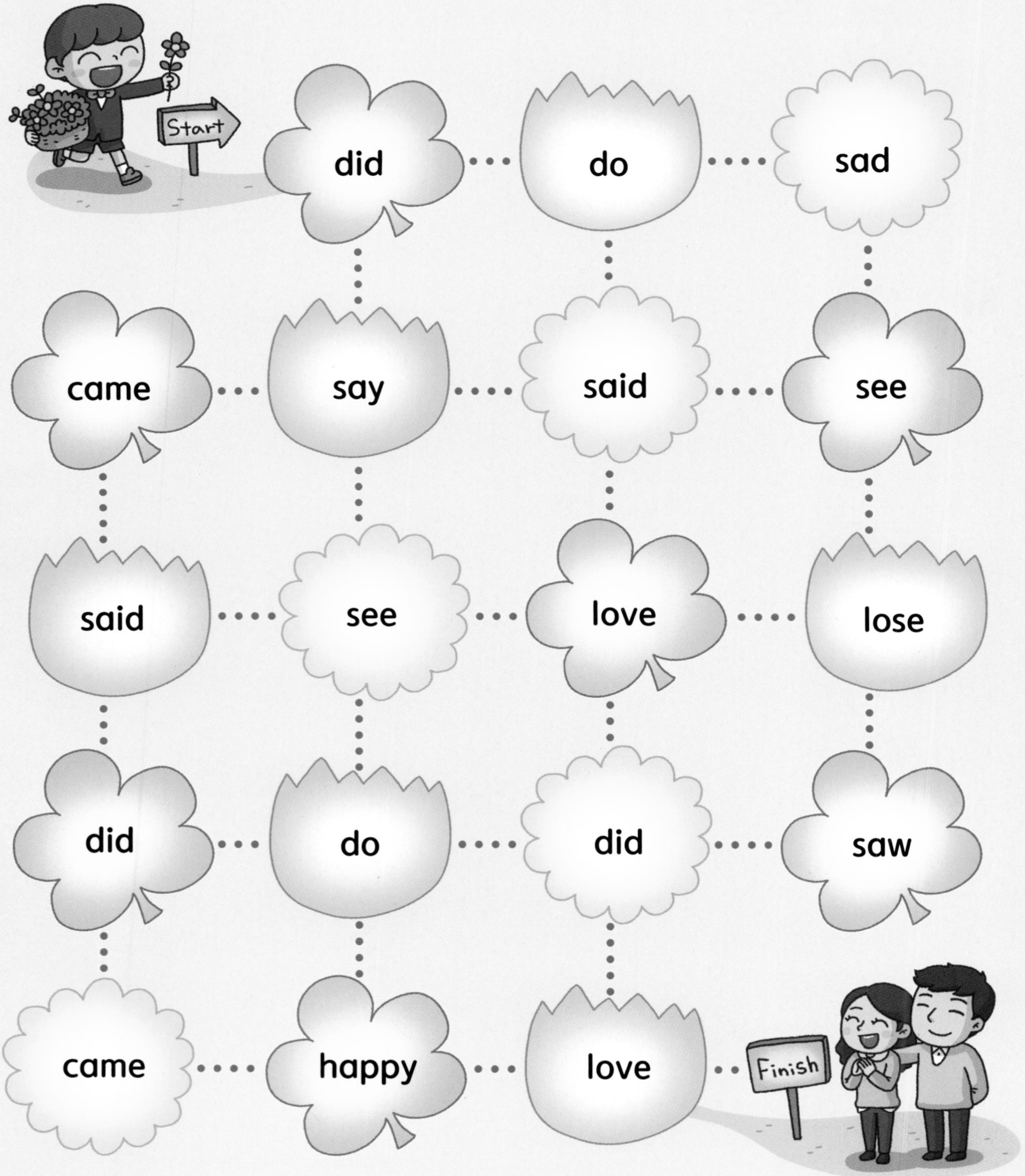

B Word Box에서 알맞은 단어를 골라 문장을 완성해 보세요.

Word Box				
	Happy	see	came	say
	You	said	back	to

1. 뭐라고 말했어?

What did you ________?

2. "당신을 사랑해요."라고 말했어요.

I ________, "I love you."

3. 너 돌아왔구나.

You ________ back.

4. 너를 다시 보게 돼서 기뻐.

________ to see you again.

5. 너 돌아왔구나.

________ came ________.

6. 너를 다시 보게 돼서 기뻐.

Happy ________ ________ you again.

C 빈칸에 알맞은 단어를 넣어 대화를 완성해 보세요.

What ________ you ________?
뭐라고 말했어?
I ________,
"I ________ you."
"당신을 사랑해요."라고 말했어요.

unit 07 You must be hungry.

You must be hungry.

A 동영상 강의를 들어 보세요.

unit 07 강의

'(틀림없이) ~일 것이다' 라고 말할 때 must라는 표현을 써요. 그래서 "너 배고프겠구나." 라고 하고 싶을 때 must라는 단어를 활용해 "You must be hungry."라고 말해요.

B 오늘의 단어를 써 보세요.

must (틀림없이) ~일 것이다, ~해야 하다

must

be ~이다, 있다

be

C must와 be를 두 개씩 찾아보세요.

b	a	r	u	w
e	m	u	s	t
g	h	o	b	k
i	d	v	e	p
m	u	s	t	n

D 오늘의 단어를 완성해 보세요.

1. m ☐ ☐ ☐

뜻 (틀림없이) ~일 것이다, ~해야 하다

2. ☐ e

뜻 ~이다, 있다

E 우리말에 해당하는 영어 단어를 세 번 써 보세요.

큰 소리로 읽으면서 쓰면 더욱 좋아요!

(틀림없이) ~일 것이다, ~해야 하다	m
~이다, 있다	b

F 우리말과 같은 뜻이 되도록 문장을 완성해 보세요.

너 (틀림없이) 배고프겠구나.

1. You ________ be hungry.

2. You must ________ hungry.

3. You ________ ________ hungry.

4. ________ ________ ________ hungry.

You must be hungry.

은정쌤의 한마디 'be'는 1권에서 배운 'am', 'are', 'is'와 같은 성격의 동사로, '~이다' 또는 '있다'라는 뜻이에요.

unit 08 Do you want to eat some pizza?

You must be hungry.
Do you want to eat some pizza?

A 동영상 강의를 들어 보세요.

unit 08 강의

'~하고 싶어?' 라고 물을 때 'Do you want to ~?' 라는 표현을 씁니다. 그래서 피자를 먹고 싶은지 알고 싶다면 "Do you want to eat some pizza?"와 같이 물어볼 수 있어요.

B 오늘의 단어를 써 보세요.

eat 먹다

eat

some 약간의

some

C eat과 some을 두 개씩 찾아보세요.

p	s	o	m	e
s	f	k	h	a
o	e	v	g	t
m	a	r	n	u
e	t	i	l	w

D 오늘의 단어를 완성해 보세요.

1. _ _ t

뜻 먹다

2. _ o _ _

뜻 약간의

E 우리말에 해당하는 영어 단어를 세 번 써 보세요.

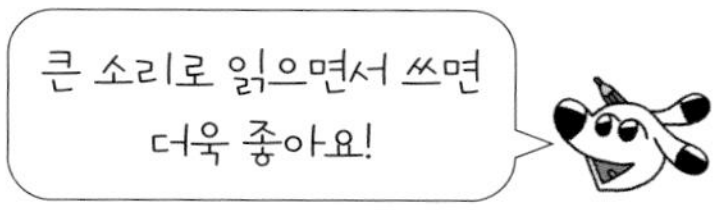

큰 소리로 읽으면서 쓰면 더욱 좋아요!

먹다	e
약간의	s

F 우리말과 같은 뜻이 되도록 문장을 완성해 보세요.

피자 좀 먹을래?

1. Do you want to ________ some pizza?

2. Do you want to eat ________ pizza?

3. Do you want to ________ ________ pizza?

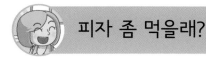

Do you want to eat some pizza?

4. Do you want to ________ ________ ________?

은정쌤의 한마디 do, does, did로 시작하는 질문은 문장의 끝을 올려 읽어야 해요.

unit 09 모아서 연습하기 3rd

A 사이트 워드(Sight words)가 적힌 캡슐 속에는 우리말이, 우리말이 적힌 캡슐 속에는 사이트 워드가 적혀 있어요. 빈칸에 알맞은 단어나 뜻을 쓰세요.

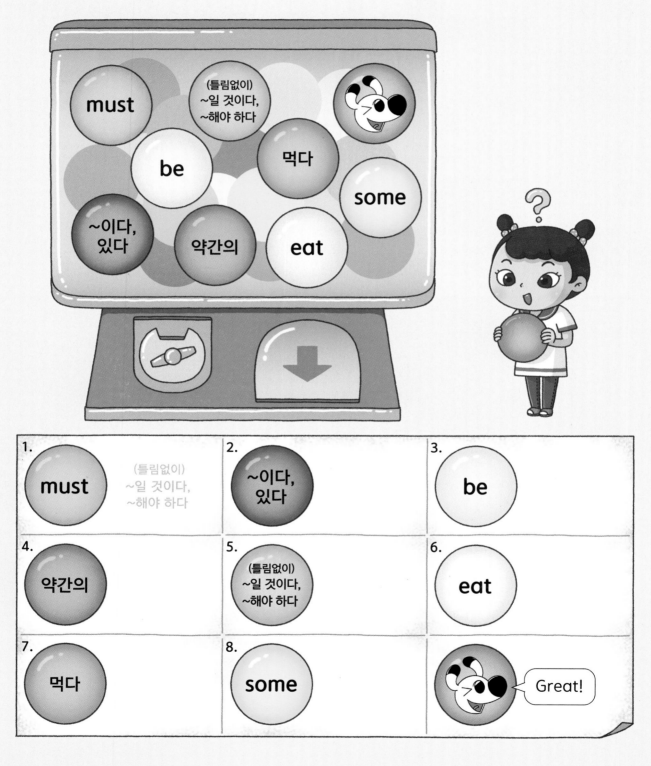

1. must (틀림없이) ~일 것이다, ~해야 하다	2. ~이다, 있다	3. be
4. 약간의	5. (틀림없이) ~일 것이다, ~해야 하다	6. eat
7. 먹다	8. some	Great!

Word Box에서 알맞은 단어를 골라 문장을 완성해 보세요.

Word Box	Happy	some	came	see	be	say
	said	love	back	did	must	eat

1. 너 (틀림없이) 배고프겠구나.

You _____ _____ hungry.

2. 피자 좀 먹을래?

Do you want to _____ _____ pizza?

3. 뭐라고 말했어?

What _____ you _____?

4. "당신을 사랑해요."라고 말했어요.

I _____, "I _____ you."

5. 너 돌아왔구나.

You _____ _____.

6. 너를 다시 보게 돼서 기뻐.

_____ to _____ you again.

C 빈칸에 알맞은 단어를 넣어 문장을 완성해 보세요.

You _____ _____ hungry.
너 (틀림없이) 배고프겠구나.

Do you want to _____ _____ pizza?
피자 좀 먹을래?

unit 10 Let's clean up together.

Let's clean up together.

A 동영상 강의를 들어 보세요.

unit 10 강의

"Let's clean up together.(우리 함께 청소하자.)"라고 할 때 'Let's~'와 같은 표현을 써요. Let's는 Let us의 줄임말로 '우리 ~하자'라는 뜻이에요. let이 혼자 있을 때에는 "Let me go.(나를 가게 해 줘요.)"처럼 '하게 하다'라는 뜻으로 쓰기도 해요.

B 오늘의 단어를 써 보세요.

let 하게 하다, 시키다

let

together 함께

together

C let과 together를 두 개씩 찾아보세요.

t	o	g	e	t	h	e	r
m	a	r	b	l	o	w	g
w	u	n	l	g	h	l	a
t	o	g	e	t	h	e	r
j	d	i	t	y	s	t	p

D 오늘의 단어를 완성해 보세요.

1. _ e _

뜻 하게 하다, 시키다

2. t _ g _ t _ _ _

뜻 함께

E 우리말에 해당하는 영어 단어를 세 번 써 보세요.

큰 소리로 읽으면서 쓰면 더욱 좋아요!

하게 하다, 시키다	l
함께	t

F 우리말과 같은 뜻이 되도록 문장을 완성해 보세요.

(우리) 함께 청소하자.

1. ________'s clean up together.

2. Let's clean up __________.

3. ________'s clean up __________.

4. ________ clean up __________.

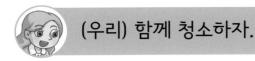

Let's clean up together.

은정쌤의 한마디 'clean'과 'up'이 함께 쓰이면 '(어지럽힌 것을) 청소하다'라는 의미예요.

unit 11

Please put away your toys.

Let's clean up together.
Please put away your toys.

A 동영상 강의를 들어 보세요.

unit 11 강의

1권에서 공손하게 부탁할 때 'please'라는 표현을 사용한다는 것을 배웠지요? 엄마가 "Please put away your toys.(너희의 장난감들을 치워 줘.)"라고 부탁하면 친구들이 장난감을 열심히 치워 주세요.

B 오늘의 단어를 써 보세요.

put 놓다

put

away 떨어져

away

C put과 away를 두 개씩 찾아보세요.

u	s	p	u	t
h	o	a	s	k
p	a	w	a	y
u	j	a	g	u
t	m	y	l	s

D 오늘의 단어를 완성해 보세요.

1. ☐ ☐ t

뜻 놓다

2. a ☐ a ☐

뜻 떨어져

E 우리말에 해당하는 영어 단어를 세 번 써 보세요.

큰 소리로 읽으면서 쓰면 더욱 좋아요!

놓다	p
떨어져	a

F 우리말과 같은 뜻이 되도록 문장을 완성해 보세요.

너희의 장난감들을 치워 줘.

1. Please ________ away your toys.

2. Please put ________ your toys.

3. Please ________ ________ your toys.

4. ________ ________ ________ your toys.

Please put away your toys.

은정쌤의 한마디 'put(놓다)'과 'away(떨어져)'가 문장에서 함께 쓰여 'put away'가 되면 '치우다'라는 뜻이 돼요.

unit 12 모아서 연습하기 4th

A 두더지가 집을 찾으려고 합니다. 땅굴을 따라 내려가 우리말에 해당하는 영어 단어를 Word Box에서 골라 써 넣으세요.

Word Box	let	put	together	away	eat

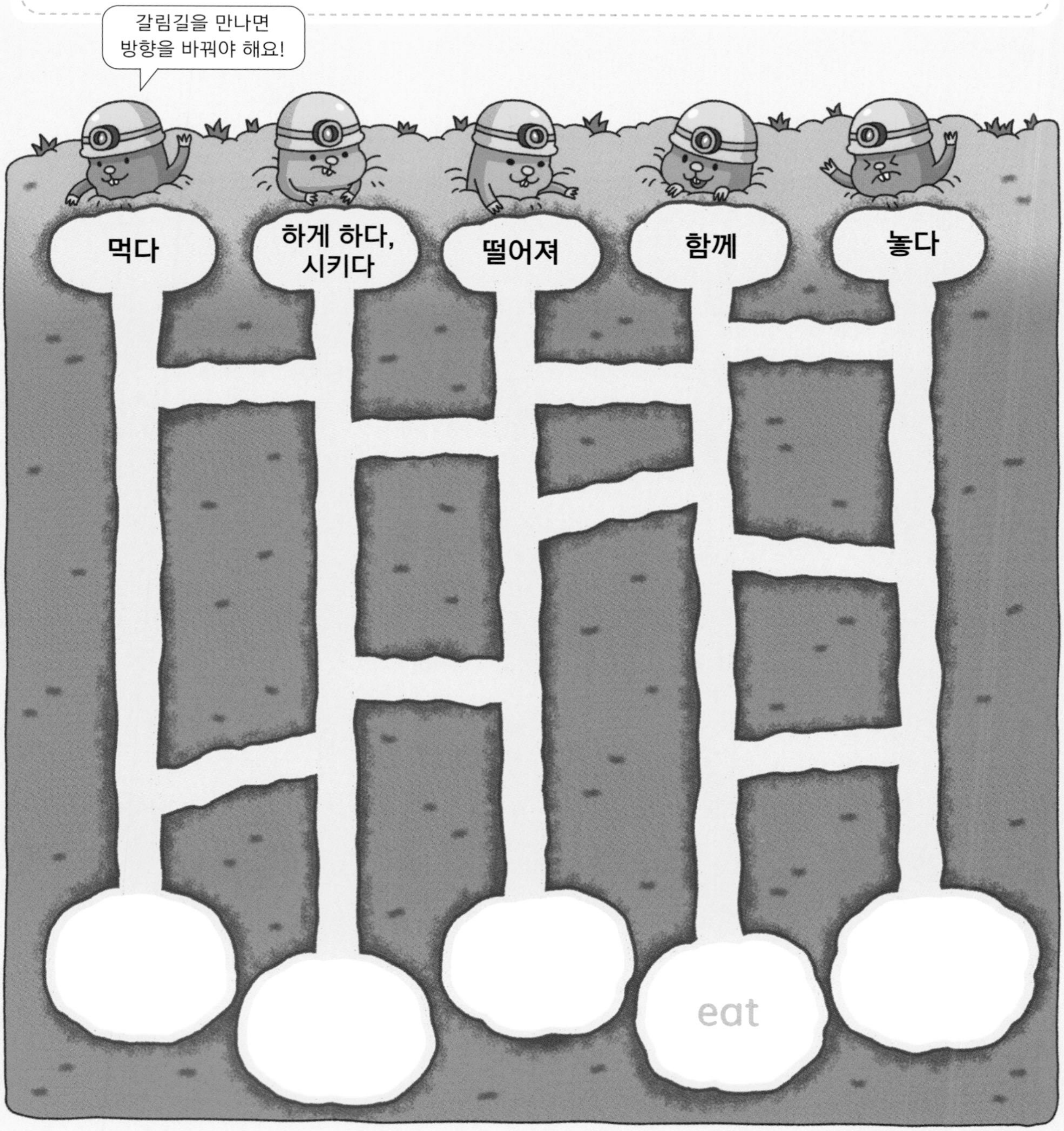

B Word Box에서 알맞은 단어를 골라 문장을 완성해 보세요.

Word Box					
together	Let	some	say	did	put
away	be	said	eat	love	must

1. (우리) 함께 청소하자.

   ________'s clean up __________.

2. 너희의 장난감들을 치워 줘.

   Please ________ ________ your toys.

3. 너 (틀림없이) 배고프겠구나.

   You ________ ________ hungry.

4. 피자 좀 먹을래?

   Do you want to ________ ________ pizza?

5. 뭐라고 말했어?

   What ________ you ________?

6. "당신을 사랑해요."라고 말했어요.

   I ________, "I ________ you."

C 빈칸에 알맞은 단어를 넣어 문장을 완성해 보세요.

________'s clean up
__________.
(우리) 함께 청소하자.
Please ________
________ your toys.
너희의 장난감들을 치워 줘.

unit 13

When does the movie start?

When does the movie start?

A 동영상 강의를 들어 보세요.

unit 13 강의

언제인지 궁금할 때 주로 'when'으로 시작하는 질문을 해요. "영화가 언제 시작해요?" 라고 물을 때는 "When does the movie start?"라고 해요.

B 오늘의 단어를 써 보세요.

when 언제

when

start 시작하다

start

C when과 start를 두 개씩 찾아보세요.

s	t	a	r	t
t	b	w	i	x
a	w	h	e	n
r	q	e	o	l
t	w	n	u	y

D 오늘의 단어를 완성해 보세요.

1. w ☐ ☐ n

뜻 언제

2. s t ☐ ☐ ☐

뜻 시작하다

E 우리말에 해당하는 영어 단어를 세 번 써 보세요.

큰 소리로 읽으면서 쓰면 더욱 좋아요!

언제	w
시작하다	s

F 우리말과 같은 뜻이 되도록 문장을 완성해 보세요.

영화가 언제 시작해요?

1. ________ does the movie start?

2. When does the movie ________?

When does the movie start?

3. ________ does the movie ________?

4. ________ ________ the movie ________?

Soon. Let's sit there.

Soon.
Let's sit there.

When does the movie start?

A 동영상 강의를 들어 보세요.

unit 14 강의

영화가 언제 시작하는지 묻는 질문에 "Soon.(곧.)"이라고 대답하고 바로 "Let's sit there. (저기에 앉자.)"라고 말하면서 앉을 위치를 가리켰어요. 여기서 'there'은 '저기에, 거기에' 라는 뜻으로 먼 곳을 가리킬 때 쓰는 말이에요.

B 오늘의 단어를 써 보세요.

sit 앉다

sit

there 거기(저기)에

there

C sit과 there를 두 개씩 찾아보세요.

s	i	t	a	p
i	b	h	d	u
t	h	e	r	e
v	i	r	o	m
s	w	e	k	y

D 오늘의 단어를 완성해 보세요.

1. s ☐ ☐

뜻 앉다

2. ☐ ☐ ☐ r e

뜻 거기(저기)에

큰 소리로 읽으면서 쓰면 더욱 좋아요!

E 우리말에 해당하는 영어 단어를 세 번 써 보세요.

앉다	s
거기(저기)에	t

F 우리말과 같은 뜻이 되도록 문장을 완성해 보세요.

곧. (우리) 저기에 앉자.

1. Soon. Let's ________ there.

2. Soon. Let's sit ________.

3. Soon. Let's ________ ________.

4. Soon. ________ ________ ________.

Soon. Let's sit there.

은정쌤의 한마디

'~하자.'라고 제안할 때 'Let's~'라는 표현을 씁니다. "축구하자."라고 말하고 싶으면 "Let's play soccer."라고 하면 되겠죠?

unit 15

모아서 연습하기 5th

A **when**, **start**, **sit**, **there** 단어를 따라가면 덫에 걸린 사자를 구할 수 있어요. 선으로 길을 표시해 보세요.

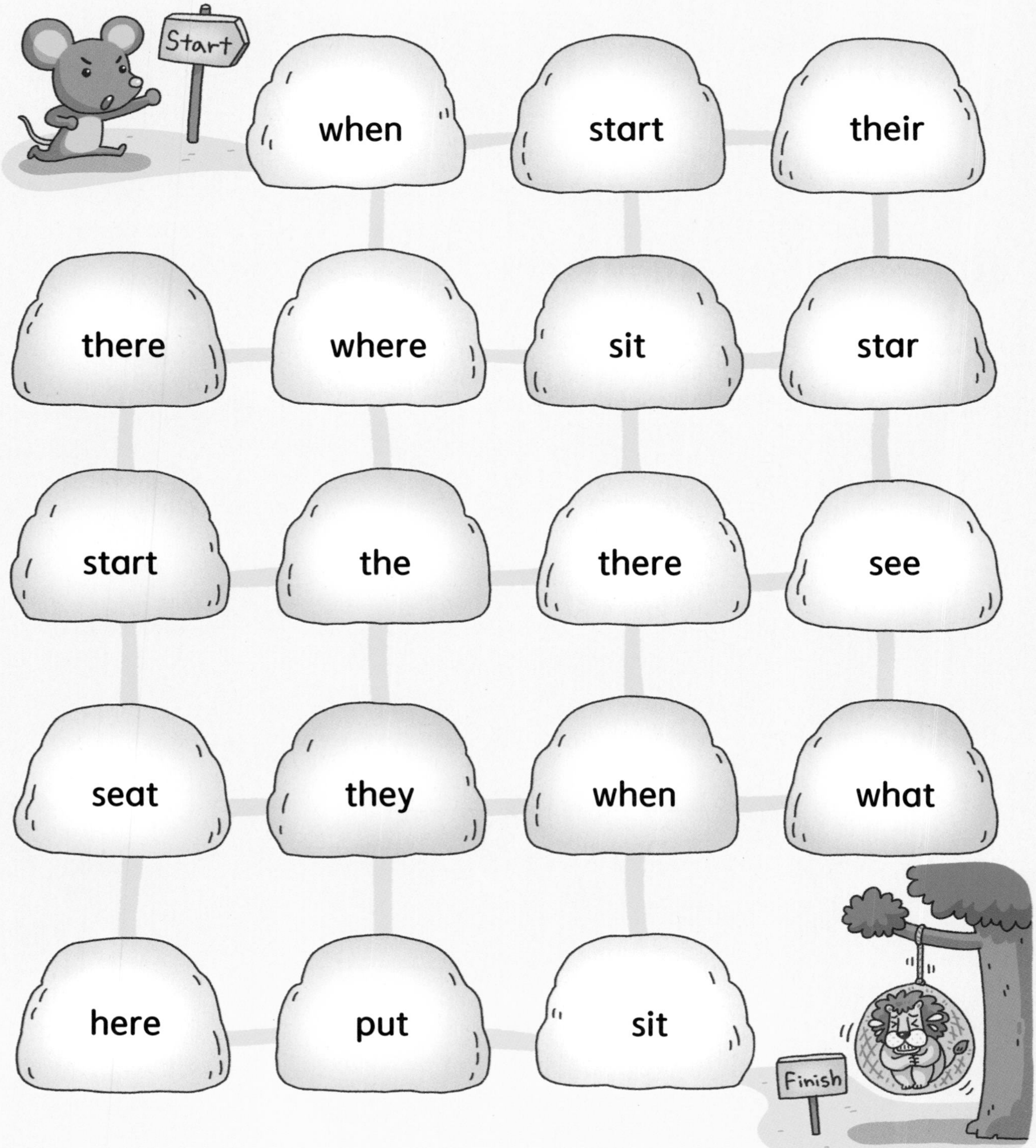

B Word Box에서 알맞은 단어를 골라 문장을 완성해 보세요.

Word Box					
must	start	there	sit	together	put
eat	When	some	be	away	Let

1. 영화가 언제 시작해요?

_________ does the movie _________?

2. 곧. (우리) 저기에 앉자.

Soon. Let's _________ _________.

3. (우리) 함께 청소하자.

_________'s clean up _________.

4. 너희의 장난감들을 치워 줘.

Please _________ _________ your toys.

5. 너 (틀림없이) 배고프겠구나.

You _________ _________ hungry.

6. 피자 좀 먹을래?

Do you want to _________ _________ pizza?

C 빈칸에 알맞은 단어를 넣어 대화를 완성해 보세요.

Soon. Let's
_________ _________.
곧. (우리) 저기에 앉자.
_________ does the
movie _________?
영화가 언제 시작해요?

unit 16

Let's talk about your dream.

Let's talk about your dream.
dream

A 동영상 강의를 들어 보세요.

unit 16 강의

'~에 대해 이야기하다'라는 표현이 'talk about'이에요. '말하다, 이야기하다'라는 뜻을 가진 사이트 워드는 'talk' 외에도 'say', 'tell'이 있어요. 모두 자주 쓰이는 단어니까 알아 두면 좋아요.

B 오늘의 단어를 써 보세요.

talk 이야기하다, 말하다

talk

about ~에 대해서

about

C talk와 about를 두 개씩 찾아보세요.

t	a	l	k	a
a	b	i	g	b
l	o	h	e	o
k	u	j	r	u
s	t	w	v	t

D 오늘의 단어를 완성해 보세요.

1. t _ _ k

뜻 이야기하다, 말하다

2. _ b _ _ t

뜻 ~에 대해서

큰 소리로 읽으면서 쓰면
더욱 좋아요!

E 우리말에 해당하는 영어 단어를 세 번 써 보세요.

이야기하다, 말하다	t
~에 대해서	a

F 우리말과 같은 뜻이 되도록 문장을 완성해 보세요.

너의 꿈에 대해서 이야기해 보자.

1. Let's ________ about your dream.

2. Let's talk ________ your dream.

3. Let's ________ ________ your dream.

4. ________ ________ ________ your dream.

Let's talk about
your dream.

은정쌤의
한마디

'dream'은 잠을 잘 때 꾸는 '꿈'을 말하기도 하고, 미래에 여러분이 되고 싶은 '꿈'을 말하기도 해요.

unit 17 I want to become an artist.

Let's talk about your dream.
dream
I want to become an artist.

A 동영상 강의를 들어 보세요.

unit 17 강의

'나는 ~이 되고 싶어요.' 라고 말하고 싶을 때는 'I want to become~.' 이라는 표현을 써요. "저는 예술가가 되고 싶어요."는 "I want to become an artist."와 같이 말할 수 있어요. 이때 artist와 같이 명사가 모음 소리 'a, e, i, o, u'로 시작하면 명사 앞에 'a'가 아니라 'an'을 써야 해요.

B 오늘의 단어를 써 보세요.

become ~이 되다

become

an 하나의

an

C become과 an을 두 개씩 찾아보세요.

a	n	k	m	i	v
b	e	c	o	m	e
g	t	u	h	u	w
b	e	c	o	m	e
h	s	a	n	p	t

D 오늘의 단어를 완성해 보세요.

1. b ☐ c ☐ ☐ ☐

뜻 ~이 되다

2. ☐ n

뜻 하나의

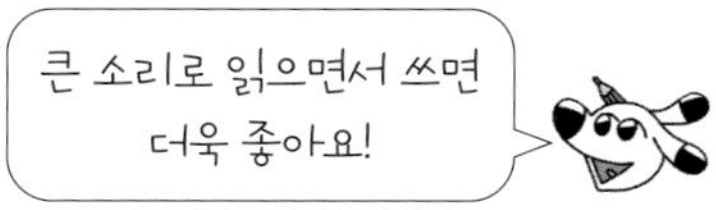
큰 소리로 읽으면서 쓰면
더욱 좋아요!

E 우리말에 해당하는 영어 단어를 세 번 써 보세요.

~이 되다	b
하나의	a

F 우리말과 같은 뜻이 되도록 문장을 완성해 보세요.

저는 예술가가 되고 싶어요.

1. I want to __________ an artist.

2. I want to become _______ artist.

3. I want to __________ _______ artist.

4. I _______ to __________ _______ artist.

I want to become
an artist.

unit 18 모아서 연습하기 6th

A 사이트 워드(Sight words)가 적힌 캡슐 속에는 우리말이, 우리말이 적힌 캡슐 속에는 사이트 워드가 적혀 있어요. 빈칸에 알맞은 단어나 뜻을 쓰세요.

1. become ~이 되다	2. 이야기하다, 말하다	3. ~이 되다
4. an	5. 하나의	6. ~에 대해서
7. talk	8. about	Good job!

B Word Box에서 알맞은 단어를 골라 문장을 완성해 보세요.

Word Box

put	talk	an	start	together	about
become	When	sit	away	Let	there

1. 너의 꿈에 대해서 이야기해 보자.

   Let's ________ ________ your dream.

2. 저는 예술가가 되고 싶어요.

   I want to __________ ________ artist.

3. 영화가 언제 시작해요?

   ________ does the movie ________?

4. 곧. (우리) 저기에 앉자.

   Soon. Let's ________ ________.

5. (우리) 함께 청소하자.

   ________'s clean up __________.

6. 너희의 장난감들을 치워 줘.

   Please ________ ________ your toys.

C 빈칸에 알맞은 단어를 넣어 대화를 완성해 보세요.

Let's ________ ________ your dream.
너의 꿈에 대해서 이야기해 보자.
dream
I want to __________ ________ artist.
저는 예술가가 되고 싶어요.

unit 19 Where did you find him?

Where did you find him?

A 동영상 강의를 들어 보세요.

unit 19 강의

어디인지 궁금할 때 'where'라는 단어를 사용해 질문하죠? "Where do you live?(넌 어디에 살아?)"처럼요. 이번 유닛처럼 과거에 일어난 일에 대해 물어볼 때에는 'did'라는 과거형 동사를 이용해 "Where did you find him?(그를 어디에서 찾았니?)"과 같이 질문해요.

B 오늘의 단어를 써 보세요.

find 찾다

find

him 그를

him

C find와 him를 두 개씩 찾아보세요.

v	a	k	o	y
e	f	i	n	d
t	i	w	s	h
a	n	g	u	i
q	d	h	i	m

D 오늘의 단어를 완성해 보세요.

1. f [ ] [ ] d

뜻 찾다

2. h [ ] [ ]

뜻 그를

큰 소리로 읽으면서 쓰면
더욱 좋아요!

E 우리말에 해당하는 영어 단어를 세 번 써 보세요.

찾다	f
그를	h

F 우리말과 같은 뜻이 되도록 문장을 완성해 보세요.

그를(그 강아지를) 어디에서 찾았니?

1. Where did you ________ him?

2. Where did you find ________?

Where did you
find him?

3. Where did you ________ ________?

4. ________ did you ________ ________?

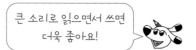

은정쌤의
한마디

앞에서 말한 동물을 대신 하는 말로 수컷은 'him', 암컷은 'her'를 보통 써요. 구분없이 'it'으로 쓸 수도 있어요.

unit 20 I found him under the sofa.

Where did you find him?
I found him under the sofa.

A 동영상 강의를 들어 보세요.

unit 20 강의

'under(~아래에)'는 위치를 나타내는 표현이에요. under 다음에는 sofa, chair, desk 등 사물의 이름이 나와 'under the sofa(소파 아래에)', 'under the desk(책상 아래에)'와 같이 사물의 위치를 나타낼 수 있어요.

B 오늘의 단어를 써 보세요.

found 찾았다

found

under ~아래에

under

C found와 under를 두 개씩 찾아보세요.

f	o	u	n	d
o	s	n	t	i
u	n	d	e	r
n	b	e	p	v
d	c	r	a	m

D 오늘의 단어를 완성해 보세요.

1. f □ □ □ d

뜻 찾았다

2. □ □ d □ □

뜻 ~아래에

큰 소리로 읽으면서 쓰면
더욱 좋아요!

E 우리말에 해당하는 영어 단어를 세 번 써 보세요.

찾았다	f
~아래에	u

F 우리말과 같은 뜻이 되도록 문장을 완성해 보세요.

나는 그를 소파 아래에서 찾았어.

1. I ________ him under the sofa.

2. I found him ________ the sofa.

3. I ________ him ________ the sofa.

4. I ________ ________ ________ the sofa.

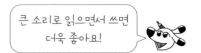

I found him
under the sofa.

은정쌤의 한마디 동사에는 과거형이 있다는 것을 배웠죠? found는 'find(찾다)'의 과거형, came은 'come(오다)'의 과거형, did는 'do(하다)'의 과거형입니다.

unit 21

모아서 연습하기 7th

A 털실의 주인인 고양이를 찾으려고 합니다. 털실을 따라 고양이가 있는 방향으로 움직여 우리말에 해당하는 영어 단어를 Word Box에서 골라 써 넣으세요.

Word Box	find	him	become	found	under

갈림길을 만나면 반드시 방향을 바꿔야 해요.
그리고 반대 방향으로는 갈 수 없어요.

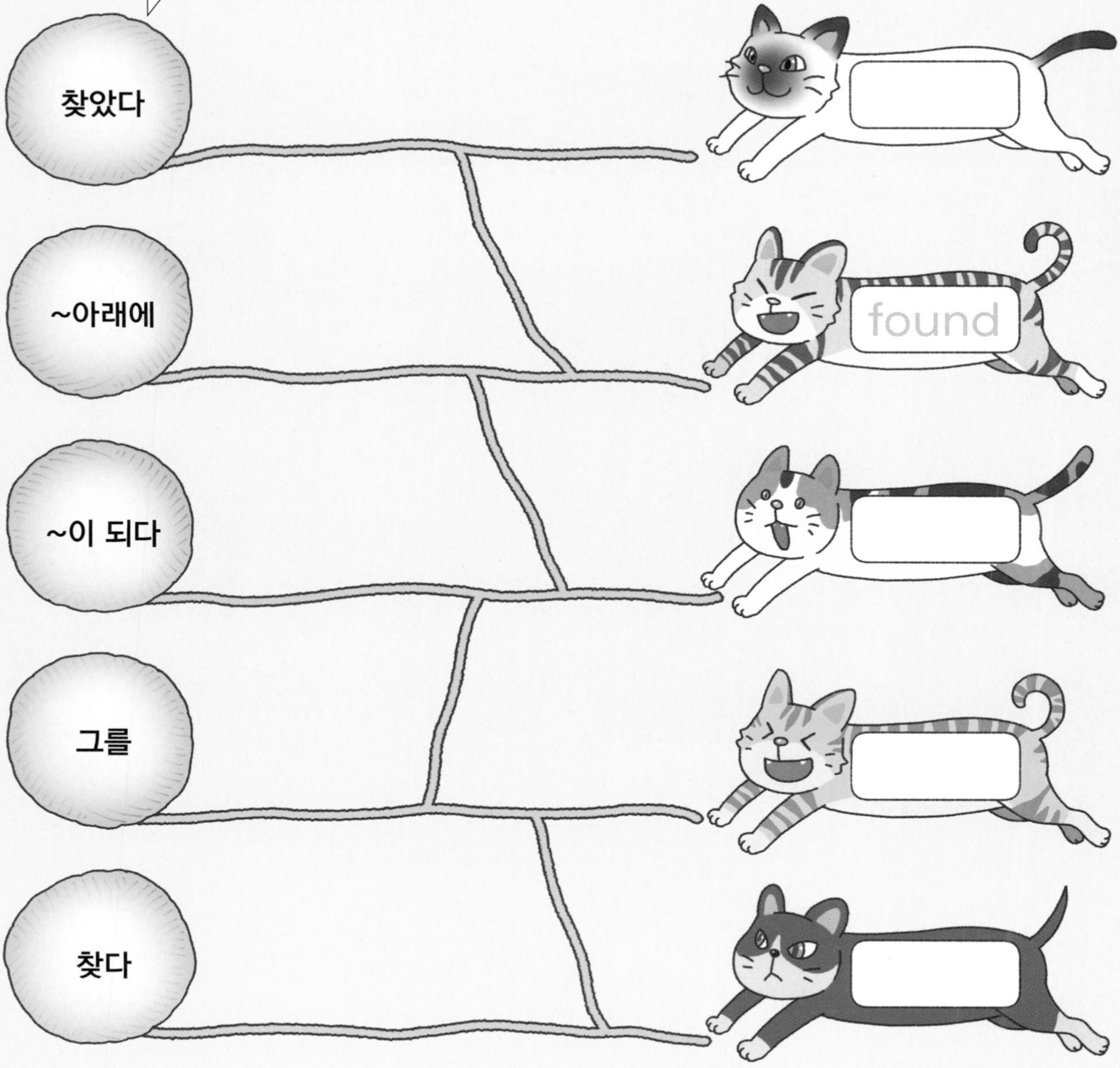

B Word Box에서 알맞은 단어를 골라 문장을 완성해 보세요.

Word Box

found When become under an talk
start sit find about there him

1. 그를(그 강아지를) 어디에서 찾았니?

Where did you ________ ________?

2. 나는 그를 소파 아래에서 찾았어.

I ________ him ________ the sofa.

3. 너의 꿈에 대해서 이야기해 보자.

Let's ________ ________ your dream.

4. 저는 예술가가 되고 싶어요.

I want to ________ ________ artist.

5. 영화가 언제 시작해요?

________ does the movie ________?

6. 곧. (우리) 저기에 앉자.

Soon. Let's ________ ________.

C 빈칸에 알맞은 단어를 넣어 대화를 완성해 보세요.

Where did you ________ ________?
그를(그 강아지를) 어디서 찾았니?
I ________ him ________ the sofa.
나는 그를 소파 아래에서 찾았어.

unit 22 Do you feel better now?

Do you feel
better now?

A 동영상 강의를 들어 보세요.

unit 22 강의

아파서 결석을 했던 친구가 돌아왔을 때 "Do you feel better now?(지금은 좀 나아졌어?)" 하고 친구의 상태를 물을 수 있어요. 'feel better'라는 표현은 '몸이나 기분이 전보다 좋다'는 뜻이에요.

B 오늘의 단어를 써 보세요.

feel 느끼다

feel

better 더 나은, 더 좋은

better

C feel과 better를 두 개씩 찾아보세요.

b	e	t	t	e	r
f	e	e	l	m	e
a	w	i	s	p	u
a	s	f	e	e	l
b	e	t	t	e	r

D 오늘의 단어를 완성해 보세요.

1. ☐ ☐ e l

뜻 느끼다

2. b e ☐ ☐ ☐ ☐

뜻 더 나은, 더 좋은

E 우리말에 해당하는 영어 단어를 세 번 써 보세요.

큰 소리로 읽으면서 쓰면 더욱 좋아요!

느끼다	f
더 나은, 더 좋은	b

F 우리말과 같은 뜻이 되도록 문장을 완성해 보세요.

지금은 좀 나아졌어?

1. Do you ________ better now?

2. Do you feel ________ now?

3. Do you ________ ________ now?

4. Do ________ ________ ________ now?

Do you feel better now?

은정쌤의 한마디 'better'는 '더 나은, 더 좋은'이란 뜻이에요. 'good(좋은)'보다 더 좋다는 표현을 하고 싶을 때 'better(더 나은, 더 좋은)'를 쓴답니다.

unit 23 I'm OK. I got a lot of sleep.

Do you feel better now?
I'm OK. I got a lot of sleep.

A 동영상 강의를 들어 보세요.

unit 23 강의

"나는 잠을 많이 잤어."라고 할 때 "I got a lot of sleep."이라고 해요. 'got sleep (잠을 잤다)'이라는 표현은 하나의 단어처럼 기억해 두면 좋아요.

B 오늘의 단어를 써 보세요.

got 받았다

got

lot 많은

lot

C got과 lot을 두 개씩 찾아보세요.

m	l	s	u	n
g	o	t	r	z
b	t	e	g	a
i	s	l	o	t
v	w	e	t	c

D 오늘의 단어를 완성해 보세요.

1. g □ □

뜻 받았다

2. □ □ t

뜻 많은

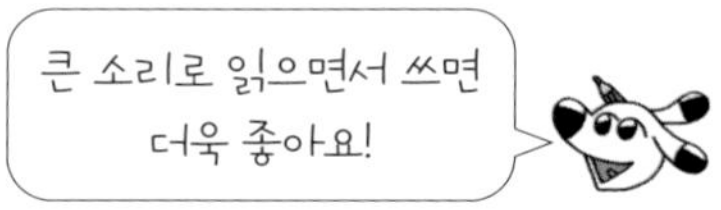
큰 소리로 읽으면서 쓰면
더욱 좋아요!

E 우리말에 해당하는 영어 단어를 세 번 써 보세요.

받았다	g
많은	l

F 우리말과 같은 뜻이 되도록 문장을 완성해 보세요.

지금은 괜찮아. 나는 잠을 많이 잤어.

1. I'm OK. I ________ a lot of sleep.

2. I'm OK. I got a ________ of sleep.

3. I'm OK. I ________ a ________ of sleep.

4. I'm OK. I ________ _____ ________ of sleep.

I'm OK. I got
a lot of sleep.

은정쌤의
한마디

'lot'은 '많은'이라는 뜻이고, 보통 'a lot of'와 같이 씁니다. 'lots of'도 같은 뜻이에요. 그리고 got은 get(얻다)의 과거형이라는 것도 알아 두세요.

unit 24

모아서 연습하기 8th

A **feel**, **better**, **got**, **lot** 단어를 따라가면 신데렐라를 만날 수 있어요. 선으로 길을 표시해 보세요.

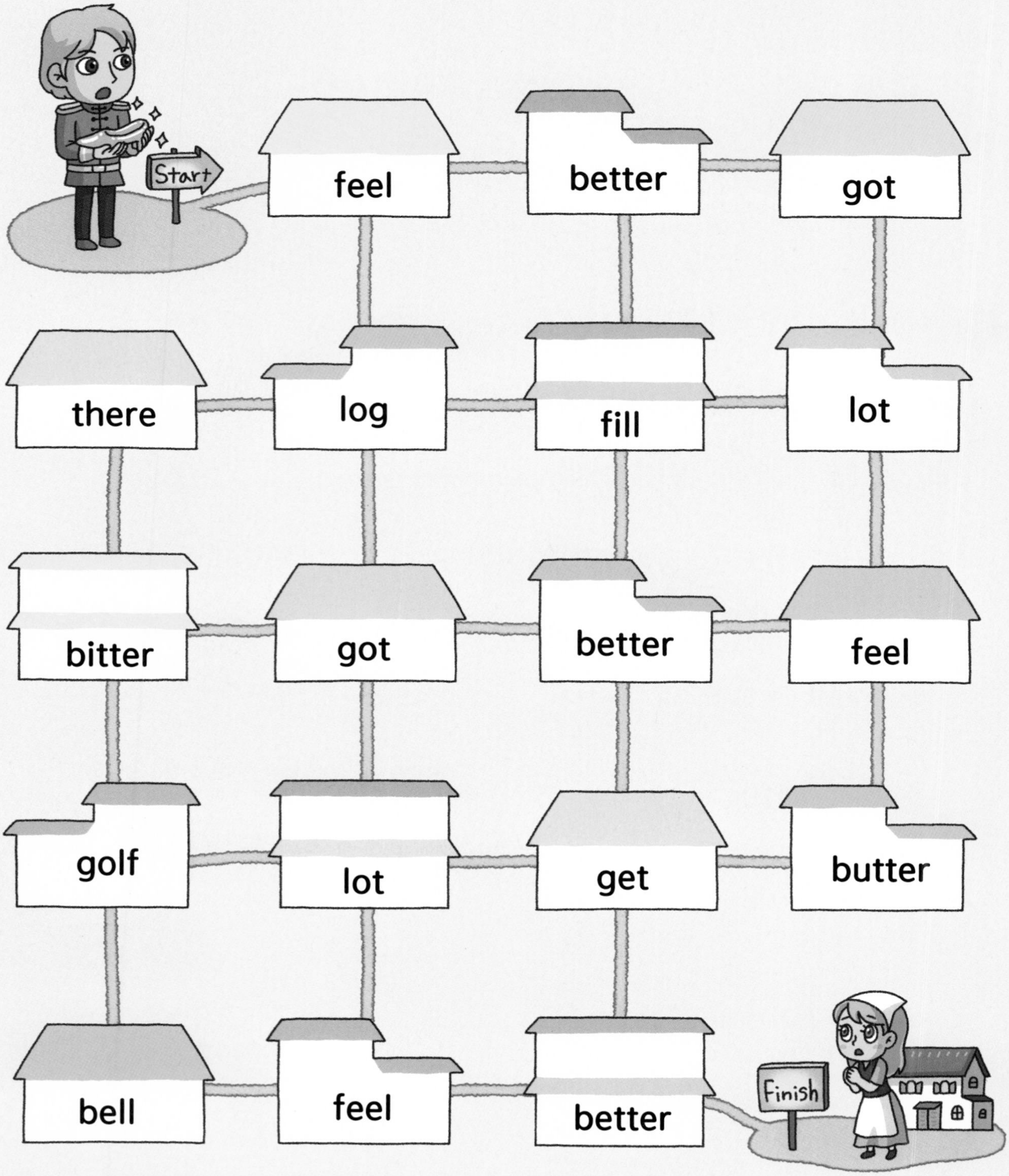

B Word Box에서 알맞은 단어를 골라 문장을 완성해 보세요.

Word Box						
	become	found	him	got	talk	under
	find	feel	lot	an	better	about

1. 지금은 좀 나아졌어?

   Do you ________ ________ now?

2. 지금은 괜찮아. 나는 잠을 많이 잤어.

   I'm OK. I ________ a ________ of sleep.

3. 그를(그 강아지를) 어디에서 찾았니?

   Where did you ________ ________?

4. 나는 그를 소파 아래에서 찾았어.

   I ________ him ________ the sofa.

5. 너의 꿈에 대해서 이야기해 보자.

   Let's ________ ________ your dream.

6. 저는 예술가가 되고 싶어요.

   I want to __________ ________ artist.

C 빈칸에 알맞은 단어를 넣어 대화를 완성해 보세요.

Do you ________ ________ now?
지금은 좀 나아졌어?
I'm OK. I ________ a ________ of sleep.
지금은 괜찮아. 나는 잠을 많이 잤어.

unit 25 Why were you late?

Why were you late?

A 동영상 강의를 들어 보세요.

unit 25 강의

이유가 궁금할 때 'why'로 시작하는 질문을 할 수 있어요. 선생님이 지각한 친구에게 "Why were you late?(너는 왜 늦었어?)" 하고 이유를 물어볼 수 있겠죠?

B 오늘의 단어를 써 보세요.

why 왜

why

were ~였다

were

C why와 were를 두 개씩 찾아보세요.

w	h	y	b	a
e	t	m	u	s
r	w	e	r	e
e	h	z	p	q
b	y	s	t	i

D 오늘의 단어를 완성해 보세요.

1. w ☐ ☐

뜻 왜

2. w ☐ ☐ e

뜻 ~였다

큰 소리로 읽으면서 쓰면 더욱 좋아요!

E 우리말에 해당하는 영어 단어를 세 번 써 보세요.

왜	W
~였다	W

F 우리말과 같은 뜻이 되도록 문장을 완성해 보세요.

너는 왜 늦었어?

1. ________ were you late?

2. Why ________ you late?

3. ________ ________ you late?

4. ________ ________ ________ late?

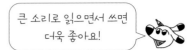

Why were you late?

은정쌤의 한마디 'were(~였다)'는 'are(~이다)'의 과거형이에요.

unit 26 Because I got up very late.

Why were you late?
Because I got up very late.

A 동영상 강의를 들어 보세요.

unit 26 강의

이유를 말할 때 보통 'because'로 시작하는 대답을 해요. "매우 늦게 일어났기 때문이에요."라고 대답할 때 "Because I got up very late."이라고 말하는데, 여기서 'got up'은 'get up'의 과거형으로 '일어났다'라는 뜻이에요.

B 오늘의 단어를 써 보세요.

because ~때문에

because

very 매우

very

C because와 very를 두 개씩 찾아보세요.

s	v	b	i	d	o	v
b	e	c	a	u	s	e
t	r	y	v	e	r	r
w	y	m	i	n	t	y
b	e	c	a	u	s	e

D 오늘의 단어를 완성해 보세요.

1. b _ c _ _ s _

뜻 ~때문에

2. _ e _ _

뜻 매우

E 우리말에 해당하는 영어 단어를 세 번 써 보세요.

큰 소리로 읽으면서 쓰면 더욱 좋아요!

~때문에	b
매우	v

F 우리말과 같은 뜻이 되도록 문장을 완성해 보세요.

매우 늦게 일어났기 때문이에요.

1. ________ I got up very late.

2. Because I got up ________ late.

3. ________ I got up ________ late.

4. ________ ______ got up ________ late.

Because I got up very late.

은정쌤의 한마디 'very'는 '매우'라는 뜻으로 'very good(매우 좋은)', 'very pretty(매우 예쁜)'와 같이 활용해요.

unit 27 모아서 연습하기 9th

A 사이트 워드(Sight words)가 적힌 캡슐 속에는 우리말이, 우리말이 적힌 캡슐 속에는 사이트 워드가 적혀 있어요. 빈칸에 알맞은 단어나 뜻을 쓰세요.

1. ~때문에 because	2. 매우	3. why
4. were	5. ~였다	6. very
7. 왜	8. because	Good job!

B Word Box에서 알맞은 단어를 골라 문장을 완성해 보세요.

Word Box					
Why	found	feel	under	very	got
were	Because	find	lot	better	him

1. 너는 왜 늦었어?

_______ _______ you late?

2. 매우 늦게 일어났기 때문이에요.

_________ I got up _______ late.

3. 지금은 좀 나아졌어?

Do you _______ _______ now?

4. 지금은 괜찮아. 나는 잠을 많이 잤어.

I'm OK. I _______ a _______ of sleep.

5. 그를(그 강아지를) 어디에서 찾았니?

Where did you _______ _______?

6. 나는 그를 소파 아래에서 찾았어.

I _______ him _______ the sofa.

C 빈칸에 알맞은 단어를 넣어 대화를 완성해 보세요.

_______ _______ you late?
너는 왜 늦었어?
_________ I got up _______ late.
매우 늦게 일어났기 때문이에요.

unit 28 I think I am falling behind.

I think I am
falling behind.

A 동영상 강의를 들어 보세요.

unit 28 강의

'나는 ~라고 생각해.'라고 말할 때는 'I think~'로 시작하는 표현을 써요. "I think I am falling behind.(나는 뒤처지고 있다고 생각해요.)"처럼요. 'I think~'와 같이 많이 쓰는 표현은 꼭 기억해 두세요.

B 오늘의 단어를 써 보세요.

think 생각하다

think

fall 떨어지다

fall

C think와 fall를 두 개씩 찾아보세요.

t	h	i	n	k
h	f	a	l	l
i	a	s	t	u
n	l	o	b	c
k	l	e	f	g

D 오늘의 단어를 완성해 보세요.

1. t □ □ □ k

뜻 생각하다

2. □ □ l l

뜻 떨어지다

E 우리말에 해당하는 영어 단어를 세 번 써 보세요.

큰 소리로 읽으면서 쓰면 더욱 좋아요!

생각하다	t
떨어지다	f

F 우리말과 같은 뜻이 되도록 문장을 완성해 보세요.

나는 뒤처지고 있다고 생각해요.

1. I ________ I am falling behind.

2. I think I am ________ing behind.

I think I am falling behind.

3. I ________ I am ________ing behind.

4. I ________ I ________ ________ing behind.

은정쌤의 한마디

'fall'은 '떨어지다', 'behind'는 '뒤에'라는 뜻으로 'fall behind'는 '뒤처지다, 뒤떨어지다'라는 뜻이에요.

unit 29 Never give up.

I think I am falling behind.
Never give up.

A 동영상 강의를 들어 보세요.

unit 29 강의

"Never give up.(절대 포기하지 마.)"은 응원할 때 쓸 수 있는 표현이에요. give는 '주다' 라는 뜻인데 up과 함께 쓰여 'give up'이 되면 '포기하다'라는 새로운 뜻을 가진 표현이 됩니다.

B 오늘의 단어를 써 보세요.

never 절대 ~않다

never

give 주다

give

C never과 give를 두 개씩 찾아보세요.

b	r	a	s	n
d	g	i	v	e
u	i	d	p	v
k	v	o	x	e
n	e	v	e	r

D 오늘의 단어를 완성해 보세요.

1. ☐ ☐ v ☐ r

뜻 절대 ~않다

2. ☐ ☐ v ☐

뜻 주다

E 우리말에 해당하는 영어 단어를 세 번 써 보세요.

절대 ~않다	n
주다	g

F 우리말과 같은 뜻이 되도록 문장을 완성해 보세요.

절대 포기하지 마.

1. ________ give up.

2. Never ________ up.

3. ________ ________ up.

4. ________ ________ ________.

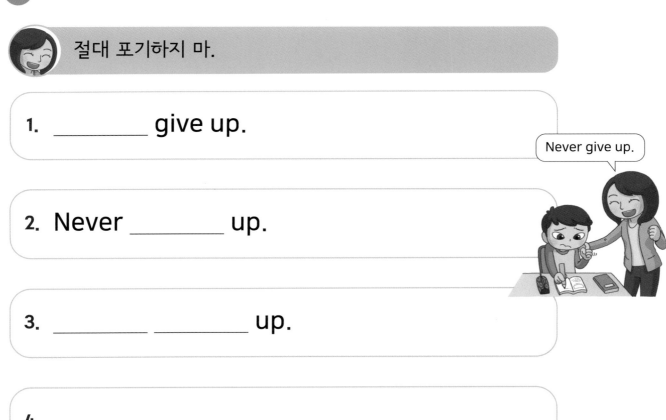

은정쌤의 한마디 never는 '절대 ~않다'라는 뜻이에요. "나는 계란을 절대 먹지 않아요."를 영어로 하면 "I never eat eggs."와 같이 말할 수 있어요.

unit 30 모아서 연습하기 10th

A 동물들이 낚시를 하고 있어요. 낚싯줄을 타고 내려가 우리말에 해당하는 영어 단어를 Word Box에서 골라 써 넣으세요.

Word Box	never	fall	think	very	give

B Word Box에서 알맞은 단어를 골라 문장을 완성해 보세요.

Word Box					
got	think	Why	very	better	Never
were	Because	give	lot	feel	fall

1. 나는 뒤처지고 있다고 생각해요.

   I ________ I am ________ing behind.

2. 절대 포기하지 마.

   ________ ________ up.

3. 너는 왜 늦었어?

   ________ ________ you late?

4. 매우 늦게 일어났기 때문이에요.

   ___________ I got up ________ late.

5. 지금은 좀 나아졌어?

   Do you ________ ________ now?

6. 지금은 괜찮아. 나는 잠을 많이 잤어.

   I'm OK. I ________ a ________ of sleep.

C 빈칸에 알맞은 단어를 넣어 대화를 완성해 보세요.

I ________ I am ________ing behind.
나는 뒤처지고 있다고 생각해요.
________ ________ up.
절대 포기하지 마.

unit 31 I run every day.

I run every day.

A 동영상 강의를 들어 보세요.

unit 31 강의

"I run every day.(나는 매일 달려요.)"처럼 '매일(모든 날)'을 말하려면 'every'를 활용해 'every day'라고 써요. 그 외에도 'every'가 들어가는 단어에는 'everyone(모든 사람)', 'everybody(모두)', 'everything(모든 것)' 등이 있어요.

B 오늘의 단어를 써 보세요.

run 달리다

run

every 모든

every

C run과 every를 두 개씩 찾아보세요.

e	v	e	r	y
a	w	v	a	r
s	r	e	l	u
t	u	r	r	n
i	n	y	j	y

D 오늘의 단어를 완성해 보세요.

1. ☐ u ☐

뜻 달리다

2. e ☐ ☐ ☐ y

뜻 모든

큰 소리로 읽으면서 쓰면
더욱 좋아요!

E 우리말에 해당하는 영어 단어를 세 번 써 보세요.

달리다	r
모든	e

F 우리말과 같은 뜻이 되도록 문장을 완성해 보세요.

나는 매일(모든 날) 달려요.

1. I ________ every day.

2. I run ________ day.

I run
every day.

3. I ________ ________ day.

4. I ________ ________ ________.

은정쌤의 한마디 1권에서 'day'는 '하루, 일, 날'이라고 배웠죠? 'every day'는 'every(모든)'+'day(날)'이므로, 즉 '매일'이라는 뜻이 되는 거예요.

unit 32

Keep up the good work.

I run every day.
Keep up the good work.

A 동영상 강의를 들어 보세요.

unit 32 강의

꾸준히 하고 있는 일을 응원할 때 "Keep up the good work.(계속 열심히 잘해.)"라고 해요. 여기서 'keep up'은 '계속하다'라는 뜻이에요.

B 오늘의 단어를 써 보세요.

keep 유지하다, 계속하다

keep

work 일, 일하다

work

C keep과 work를 두 개씩 찾아보세요.

m	a	p	h	v
a	w	o	r	k
s	o	d	l	e
y	r	s	t	e
i	k	e	e	p

D 오늘의 단어를 완성해 보세요.

1. k _ _ _

뜻 유지하다, 계속하다

2. _ o _ _

뜻 일, 일하다

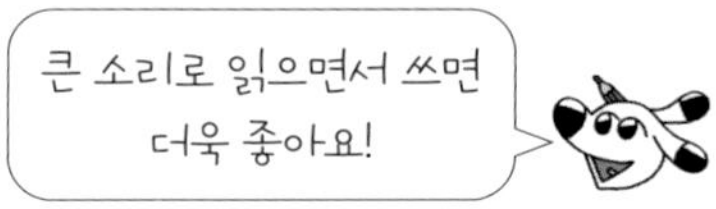

E 우리말에 해당하는 영어 단어를 세 번 써 보세요.

유지하다, 계속하다	k
일, 일하다	w

F 우리말과 같은 뜻이 되도록 문장을 완성해 보세요.

계속 열심히 잘해.(좋은 일을 계속해.)

1. ________ up the good work.

2. Keep up the good ________.

3. ________ up the good ________.

4. ________ up the ________ ________.

은정쌤의 한마디 'work'는 "I work hard.(나는 열심히 일한다.)"처럼 동사의 자리에 있을 때에는 '일하다'라는 뜻으로 써요.

unit 33 모아서 연습하기 11th

A **run**, **every**, **keep**, **work** 단어를 따라가면 달리기 대회에서 우승할 수 있어요. 선으로 길을 표시해 보세요.

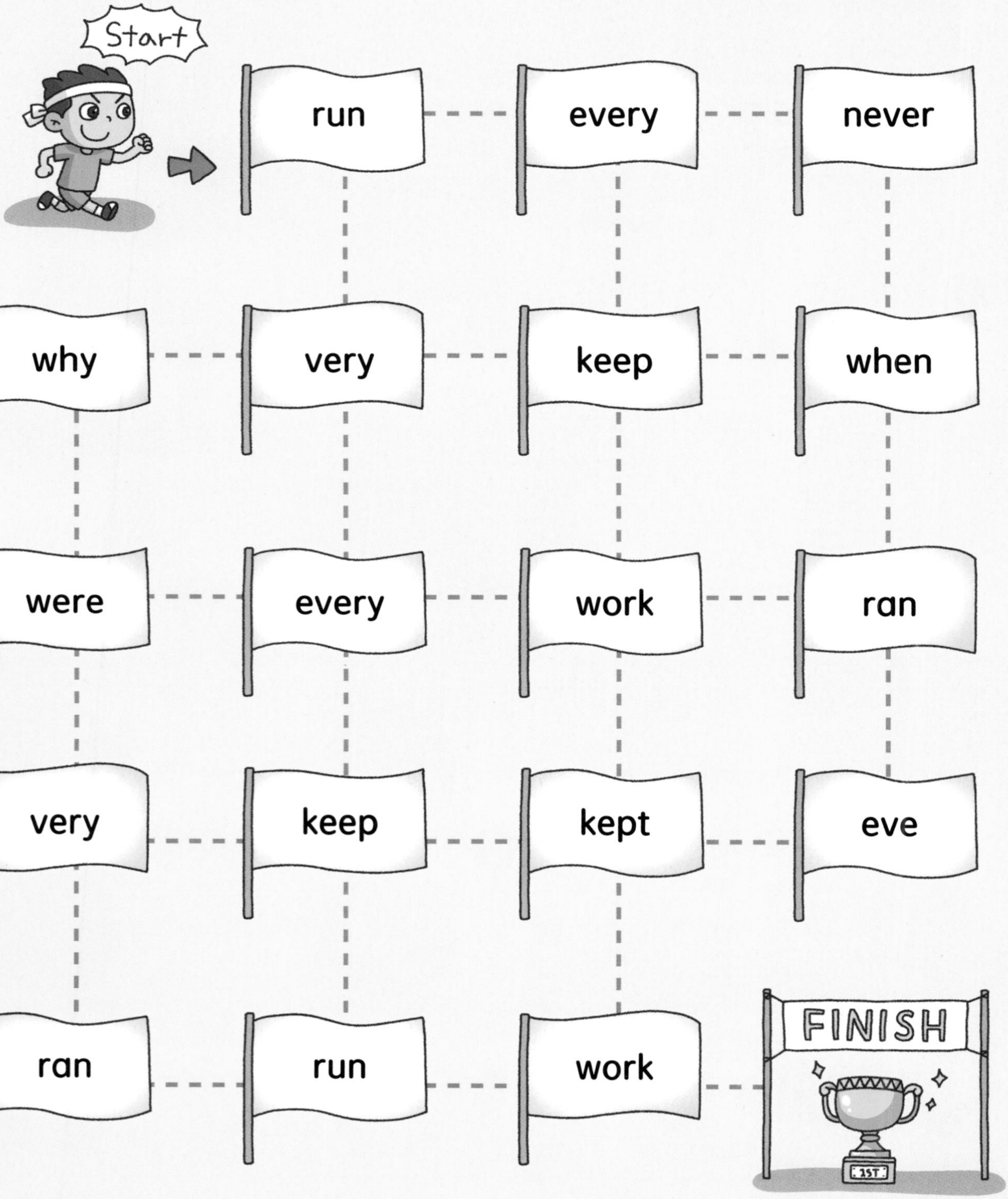

B Word Box에서 알맞은 단어를 골라 문장을 완성해 보세요.

Word Box

run fall very Never Why Keep
think every Because were give work

1. 나는 매일(모든 날) 달려요.

I _____ _____ day.

2. 계속 열심히 잘해.(좋은 일을 계속해.)

_____ up the good _____.

3. 나는 뒤처지고 있다고 생각해요.

I _____ I am _____ing behind.

4. 절대 포기하지 마.

_____ _____ up.

5. 너는 왜 늦었어?

_____ _____ you late?

6. 매우 늦게 일어났기 때문이에요.

_____ I got up _____ late.

C 빈칸에 알맞은 단어를 넣어 대화를 완성해 보세요.

I _____
_____ day.
나는 매일 달려요.

_____ up
the good _____.
계속 열심히 잘해.(좋은 일을 계속해.)

unit 34

Do you know her?

Do you know her?

A 동영상 강의를 들어 보세요.

unit 34 강의

'Do you know ~?'는 '~을 아니?'라는 표현이에요. "너는 그녀를 아니?"라고 묻고 싶으면 know 뒤에 '그녀를'을 의미하는 'her'를 붙여 "Do you know her?"와 같이 말할 수 있어요.

B 오늘의 단어를 써 보세요.

know 알다

know

her 그녀를, 그녀의

her

C know와 her를 두 개씩 찾아보세요.

g	j	h	m	k
k	n	e	c	n
n	h	r	r	o
o	d	x	b	w
w	h	e	r	t

D 오늘의 단어를 완성해 보세요.

1. _ _ o _

뜻 알다

2. h _ r

뜻 그녀를, 그녀의

큰 소리로 읽으면서 쓰면 더욱 좋아요!

E 우리말에 해당하는 영어 단어를 세 번 써 보세요.

알다	k
그녀를, 그녀의	h

F 우리말과 같은 뜻이 되도록 문장을 완성해 보세요.

너는 그녀를 알아?

1. Do you ________ her?

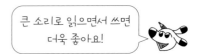

Do you know her?

2. Do you know ________?

3. Do you ________ ________?

4. Do ________ ________ ________?

은정쌤의 한마디

'그녀를' 이라는 뜻을 가진 단어는 'her'입니다. '그녀'가 아니라 '그'를 아는지 물을 때에는 앞에서 배운 'him(그를)'을 이용해 "Do you know him?"과 같이 말할 수 있어요.

unit 35 Of course. She is my older sister.

Do you know her?
Of course. She is my older sister.

A 동영상 강의를 들어 보세요.

unit 35 강의

"Of course."는 "물론이지."라는 뜻으로 매우 자주 쓰는 표현이에요. "Can you help me?(나를 좀 도와줄래요?)"라고 물어볼 때 여러분이 기꺼이 도와주고 싶다면 "Of course."라고 대답하면 됩니다.

B 오늘의 단어를 써 보세요.

of ~의

of

old 나이가 많은, 늙은

old

C of와 old를 두 개씩 찾아보세요.

b	o	f	u	g
d	l	e	y	s
a	d	t	o	f
c	r	u	l	h
t	k	w	d	i

D 오늘의 단어를 완성해 보세요.

1. [ ] f

뜻 ~의

2. o [ ] [ ]

뜻 나이가 많은, 늙은

E 우리말에 해당하는 영어 단어를 세 번 써 보세요.

| ~의 | ○ |
| 나이가 많은, 늙은 | ○ |

F 우리말과 같은 뜻이 되도록 문장을 완성해 보세요.

> 물론이지. 그녀는 나의 누나야.

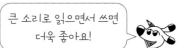

1. _____ course. She is my older sister.

> Of course. She is my older sister.

2. Of course. She is my _____er sister.

3. _____ course. She is my _____er sister.

4. _____ course. She is _____ _____er sister.

은정쌤의 한마디 ┄ sister는 언니, 누나, 여동생 등 여자 형제를 말하고 brother는 오빠, 형, 남동생 등 남자 형제를 말해요. 나보다 나이가 많은 '누나' 라는 것을 명확히 말하고 싶으면 'older sister'와 같이 씁니다.

unit 36

모아서 연습하기 12th

A 사이트 워드(Sight words)가 적힌 캡슐 속에는 우리말이, 우리말이 적힌 캡슐 속에는 사이트 워드가 적혀 있어요. 빈칸에 알맞은 단어나 뜻을 쓰세요.

1. 나이가 많은, 늙은 old	2. 그녀를, 그녀의	3. 알다
4. know	5. of	6. old
7. her	8. ~의	Great!

B Word Box에서 알맞은 단어를 골라 문장을 완성해 보세요.

Word Box					
Keep	old	know	run	think	give
Never	fall	her	Of	work	every

1. 너는 그녀를 알아?

   Do you ________ _______?

2. 물론이지. 그녀는 나의 누나야.

   _____ course. She is my ______er sister.

3. 나는 매일(모든 날) 달려요.

   I _______ _______ day.

4. 계속 열심히 잘해.(좋은 일을 계속해.)

   ________ up the good ________.

5. 나는 뒤처지고 있다고 생각해요.

   I ________ I am ______ing behind.

6. 절대 포기하지 마.

   _______ _______ up.

C 빈칸에 알맞은 단어를 넣어 대화를 완성해 보세요.

Do you _________ _________?
너는 그녀를 알아?
_________ course. She is my _________er sister.
물론이지. 그녀는 나의 누나야.

unit 37 How have you been these days?

How have you been these days?

A 동영상 강의를 들어 보세요.

unit 37 강의

"How have you been?"은 앞에서 배운 "How are you?"와 비슷한 표현으로 어떻게 지내는지 안부를 물을 때 쓸 수 있는 표현이에요. 'these days(요즘)'를 문장 끝에 붙여서 "How have you been these days?"와 같이 최근에 어떻게 지내는지 안부를 물을 수도 있어요.

B 오늘의 단어를 써 보세요.

been <have/has 와 함께 쓰일 때> 계속 ~이다

been

these 이들의, 이것들의

these

C been과 these를 두 개씩 찾아보세요.

d	t	b	u	m
t	h	e	s	e
b	e	e	n	v
l	s	n	o	q
w	e	t	c	i

D 오늘의 단어를 완성해 보세요.

1. | b | | | n |
|---|---|---|---|

뜻 <have/has와 함께 쓰일 때> 계속 ~이다

2. | | h | | | e |
|---|---|---|---|---|

뜻 이들의, 이것들의

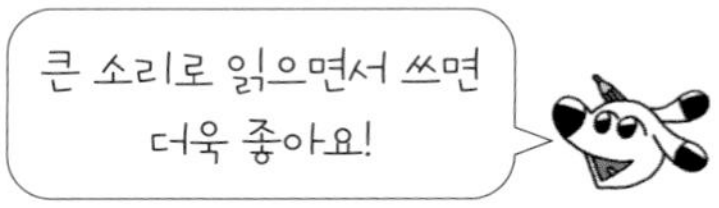
큰 소리로 읽으면서 쓰면
더욱 좋아요!

E 우리말에 해당하는 영어 단어를 세 번 써 보세요.

<have/has와 함께 쓰일 때> 계속 ~이다	b
이들의, 이것들의	t

F 우리말과 같은 뜻이 되도록 문장을 완성해 보세요.

요즘 어떻게 지내?

1. How have you ________ these days?

2. How have you been ________ days?

3. How have you ________ ________ days?

4. How ________ you ________ ________ days?

How have you been these days?

은정쌤의 한마디

1권에서 배운 "This is today's new word."에서 'this'는 '이것, 이 사람'이라는 뜻이었어요. 가까운 곳에 사물이 둘 이상이거나 사람이 두 명 이상일 때에는 'these(이것들, 이 사람들)'라고 해요.

unit 38 Same as usual.

How have you been these days?
Same as usual.

A 동영상 강의를 들어 보세요.

unit 38 강의

"Same as usual."은 "평소와 똑같아."라는 뜻으로 자주 쓰이는 표현이에요. 여기서 'usual'은 '평상시의, 늘 있는'이라는 뜻이에요.

B 오늘의 단어를 써 보세요.

same 같은

same

as ~처럼

as

C same과 as를 두 개씩 찾아보세요.

t	o	a	s	r
s	c	h	a	t
a	s	u	m	k
m	j	y	e	d
e	w	z	q	a

D 오늘의 단어를 완성해 보세요.

1. s ☐ m ☐

뜻 같은

2. ☐ s

뜻 ~처럼

E 우리말에 해당하는 영어 단어를 세 번 써 보세요.

큰 소리로 읽으면서 쓰면 더욱 좋아요!

같은	s
~처럼	a

F 우리말과 같은 뜻이 되도록 문장을 완성해 보세요.

평소와 똑같아.

1. ________ as usual.

2. Same ________ usual.

3. ________ ________ usual.

4. ________ ________ ________.

Same as usual.

은정쌤의 한마디 'as'는 여러가지 뜻이 있는데 "Same as usual."에서는 '~처럼'이라는 뜻으로 쓰였어요.

unit 39 모아서 연습하기 13th

A 원숭이들이 바나나를 가지러 가려고 합니다. 나무 줄기를 타고 내려가 우리말에 해당하는 영어 단어를 Word Box에서 골라 써 넣으세요.

Word Box	as	these	old	been	same

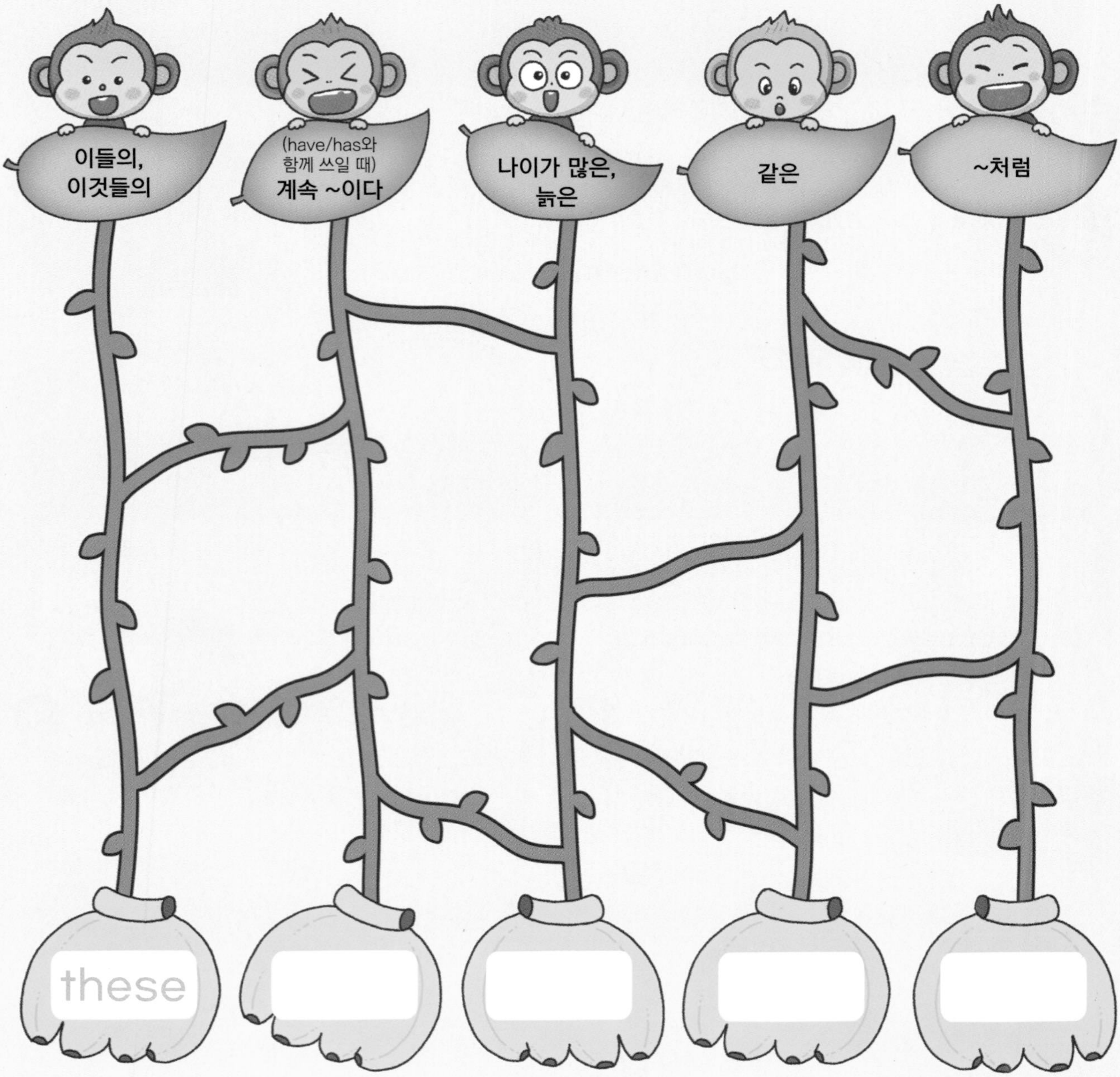

B Word Box에서 알맞은 단어를 골라 문장을 완성해 보세요.

Word Box						
	every	Of	Same	know	work	these
	been	as	Keep	run	old	her

1. 요즘 어떻게 지내?

   How have you ________ ________ days?

2. 평소와 똑같아.

   ________ ________ usual.

3. 너는 그녀를 알아?

   Do you ________ ________?

4. 물론이지. 그녀는 나의 누나야.

   ________ course. She is my ________er sister.

5. 나는 매일(모든 날) 달려요.

   I ________ ________ day.

6. 계속 열심히 잘해.(좋은 일을 계속해.)

   ________ up the good ________.

C 빈칸에 알맞은 단어를 넣어 대화를 완성해 보세요.

How have you ________ ________ days?
요즘 어떻게 지내?
________ ________ usual.
평소와 똑같아.

unit 40

I went home and finished my homework.

I went home and finished my homework.

A 동영상 강의를 들어 보세요.

unit 40 강의

1권 "Let's go out and play."문장에서 'and'는 두 가지 행동을 이어 준다고 배웠죠? "I went home and finished my homework."에서도 'went home(집으로 갔다)'과 'finished my homework(숙제를 끝냈다)'라는 두 가지 행동을 and로 연결했어요.

B 오늘의 단어를 써 보세요.

went 갔다

went

home 집, 집으로

home

C went와 home을 두 개씩 찾아보세요.

p	h	i	w	s
h	o	m	e	a
a	m	u	n	w
w	e	n	t	e
c	u	b	d	n

D 오늘의 단어를 완성해 보세요.

1. w [ ] [ ] t

뜻 갔다

2. h [ ] m [ ]

뜻 집, 집으로

큰 소리로 읽으면서 쓰면 더욱 좋아요!

E 우리말에 해당하는 영어 단어를 세 번 써 보세요.

갔다	w
집, 집으로	h

F 우리말과 같은 뜻이 되도록 문장을 완성해 보세요.

집에 가서 숙제를 끝냈어요.

1. I ________ home and finished my homework.

2. I went ________ and finished my homework.

3. I ________ ________ and finished my homework.

4. I ________ ________ ________ finished my homework.

I went home and finished my homework.

은정쌤의 한마디 'went(갔다)'는 'go(가다)'의 과거형, 'finished(끝냈다)'는 'finish(끝나다)'의 과거형이에요.

unit 41 Well done.

Well done.
I went home and finished my homework.

A 동영상 강의를 들어 보세요.

unit 41 강의

"잘했어." 또는 "장하다."라고 칭찬할 때 "Well done."이라는 표현을 써요.
"Well done.(잘했어)"이라고 말한 다음 앞에서 배웠던 "Keep up the good work.(계속 열심히 해.)"라는 격려의 말을 덧붙여 주면 더욱 좋겠지요?

B 오늘의 단어를 써 보세요.

well 잘

well

done 다 끝낸

done

C well과 done을 두 개씩 찾아보세요.

b	t	u	s	w
h	d	o	n	e
a	m	u	t	l
c	w	e	l	l
d	o	n	e	k

D 오늘의 단어를 완성해 보세요.

1. _ e _ _

뜻 잘

2. _ o _ e

뜻 다 끝낸

E 우리말에 해당하는 영어 단어를 세 번 써 보세요.

잘	w
다 끝낸	d

F 우리말과 같은 뜻이 되도록 문장을 완성해 보세요.

잘했구나.

1. ________ done.

2. Well ________.

3. ________ ________.

4. ____________________

"How would you like your steak?(고기를 어떻게 익혀 드릴까요?)"라는 질문에 "Well done."과 같이 대답하면 '완전히 잘 익힌' 상태를 요청하는 거예요. 그리고 문장 끝에는 마침표(.)나 물음표(?)와 같은 문장 부호를 꼭 붙여 주세요.

unit 42

모아서 연습하기 14th

A **went**, **home**, **well**, **done** 단어를 따라가면 할아버지와 할머니를 만날 수 있어요. 선으로 길을 표시해 보세요.

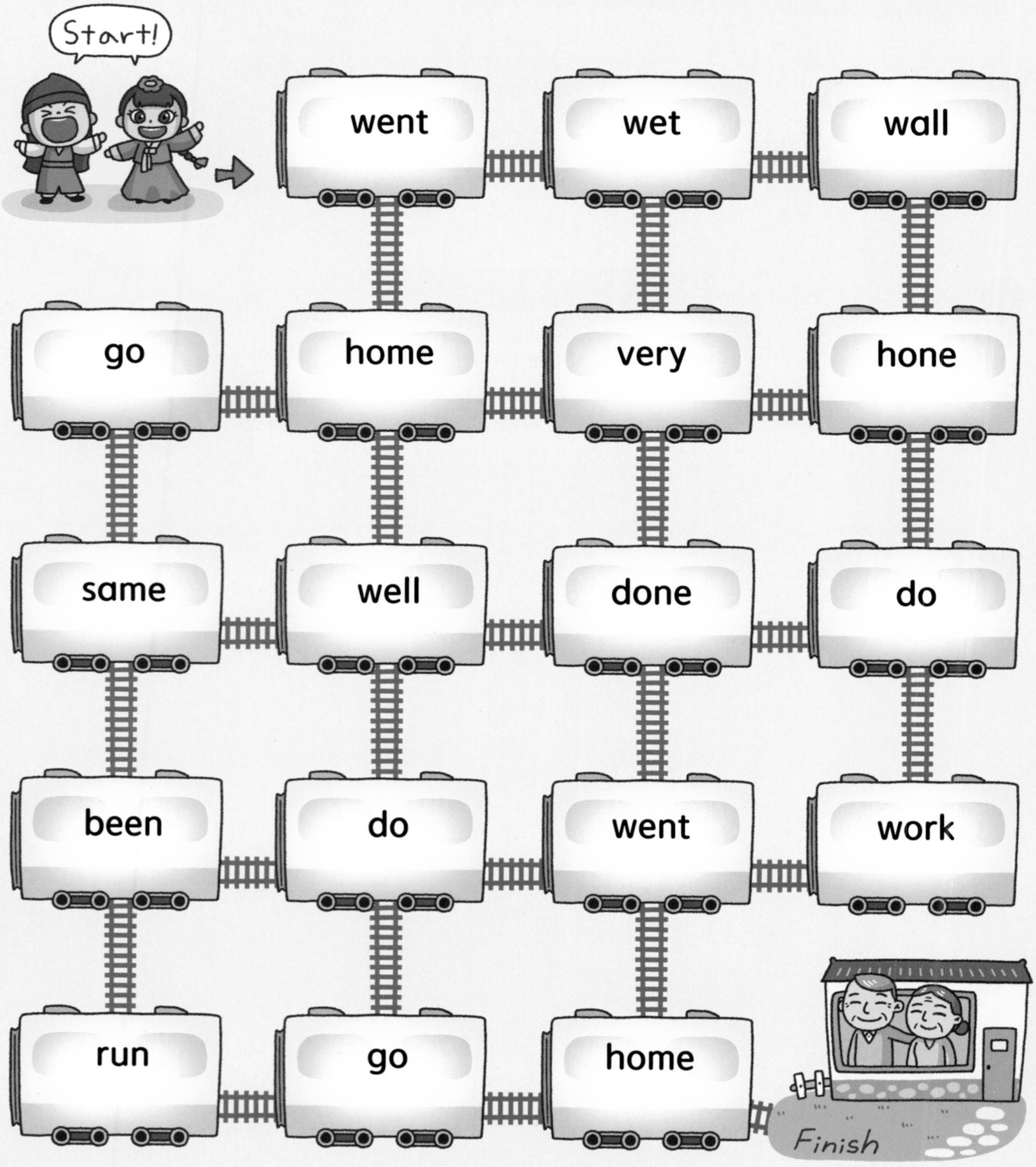

B Word Box에서 알맞은 단어를 골라 문장을 완성해 보세요.

Word Box					
Same	know	old	these	Well	home
done	as	Of	her	been	went

1. 집에 가서 숙제를 끝냈어요.

I ________ ________ and finished my homework.

2. 잘했구나.

________ ________.

3. 요즘 어떻게 지내?

How have you ________ ________ days?

4. 평소와 똑같아.

________ ________ usual.

5. 너는 그녀를 알아?

Do you ________ ________?

6. 물론이지. 그녀는 나의 누나야.

________ course. She is my ________er sister.

C 빈칸에 알맞은 단어를 넣어 대화를 완성해 보세요.

I ________ ________ and finished my homework.
집에 가서 숙제를 끝냈어요.
________ ________.
잘했구나.

unit 43

My dad opened his new restaurant.

RESTAURANT
My dad opened his new restaurant.

A 동영상 강의를 들어 보세요.

unit 43 강의

아빠가 새로운 식당을 여셨어요. '그의(아빠의) 식당'은 '그의'가 'his'이므로 'his restaurant'이 돼요. his와 restaurant 사이에 'new(새로운)'를 붙여 'his new restaurant(그의 새로운 식당)'이 되었어요.

B 오늘의 단어를 써 보세요.

open 열다

open

his 그의

his

C open과 his를 두 개씩 찾아보세요.

h	o	p	e	n
h	i	h	k	o
f	e	i	a	p
h	i	s	l	e
d	a	v	u	n

D 오늘의 단어를 완성해 보세요.

1. □ p □ □

뜻 열다

2. □ i □

뜻 그의

E 우리말에 해당하는 영어 단어를 세 번 써 보세요.

큰 소리로 읽으면서 쓰면 더욱 좋아요!

열다	o
그의	h

F 우리말과 같은 뜻이 되도록 문장을 완성해 보세요.

우리 아빠가 그의 새로운 식당을 열었어.

1. My dad ________ed his new restaurant.

2. My dad opened ________ new restaurant.

3. My dad ________ed ________ new restaurant.

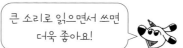

My dad opened his new restaurant.

4. My dad ________ed ________ ________ restaurant.

은정쌤의 한마디 'open'은 '열다'라는 뜻을 가진 동사로, 'opened(열었다)'는 'open'의 과거형이에요.

unit 44

Yes, many people love that place.

My dad opened his new restaurant.
RESTAURANT
Yes, many people love that place.

A 동영상 강의를 들어 보세요.

unit 44 강의

'many'는 '많은'이라는 뜻이에요. 'a lot of', 'lots of'와 바꿔 쓸 수도 있어요. 그래서 'many people' 대신에 'a lot of people' 또는 'lots of people'이라고도 할 수 있어요.

B 오늘의 단어를 써 보세요.

many 많은

many

people 사람들

people

C many와 people을 두 개씩 찾아보세요.

p	e	o	p	l	e
s	m	a	n	y	c
m	a	m	a	n	y
p	e	o	p	l	e
w	u	v	t	e	f

D 오늘의 단어를 완성해 보세요.

1. ☐ a ☐ ☐

뜻 많은

2. p ☐ ☐ p ☐ ☐

뜻 사람들

큰 소리로 읽으면서 쓰면 더욱 좋아요!

E 우리말에 해당하는 영어 단어를 세 번 써 보세요.

많은	m
사람들	p

F 우리말과 같은 뜻이 되도록 문장을 완성해 보세요.

맞아, 많은 사람들이 그 장소를 굉장히 좋아해.

1. Yes, ________ people love that place.

2. Yes, many ____________ love that place.

3. Yes, ________ ____________ love that place.

4. Yes, ________ ____________ ________ that place.

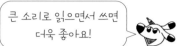

Yes, many people love that place.

은정쌤의 한마디 앞에서 배운 'love'는 '사랑하다'라는 뜻 외에 '굉장히 좋아하다'라는 뜻도 있어요.

unit 45 모아서 연습하기 15th

A 사이트 워드(Sight words)가 적힌 캡슐 속에는 우리말이, 우리말이 적힌 캡슐 속에는 사이트 워드가 적혀 있어요. 빈칸에 알맞은 단어나 뜻을 쓰세요.

1. 열다 open	2. people	3. open
4. many	5. his	6. 많은
7. 사람들	8. 그의	Great!

B Word Box에서 알맞은 단어를 골라 문장을 완성해 보세요.

Word Box					
Same	open	many	these	Well	home
done	as	his	people	been	went

1. 우리 아빠가 그의 새로운 식당을 열었어.

My dad ________ed ________ new restaurant.

2. 맞아, 많은 사람들이 그 장소를 굉장히 좋아해.

Yes, ________ ________ love that place.

3. 집에 가서 숙제를 끝냈어요.

I ________ ________ and finished my homework.

4. 잘했구나.

________ ________.

5. 요즘 어떻게 지내?

How have you ________ ________ days?

6. 평소와 똑같아.

________ ________ usual.

C 빈칸에 알맞은 단어를 넣어 대화를 완성해 보세요.

My dad ________ed ________ new restaurant.
우리 아빠가 그의 새로운 식당을 열었어.
RESTAURANT
Yes, ________ ________ love that place.
맞아, 많은 사람들이 그 장소를 굉장히 좋아해.

unit 46

Can I play outside after school?

Can I play outside after school?

A 동영상 강의를 들어 보세요.

unit 46 강의

'내가 ~해도 될까요?' 와 같이 부탁하거나 허락을 구할 때 'Can I ~?' 라는 표현을 써요. 그래서 "내가 밖에서 놀아도 될까요?"라는 질문은 "Can I play outside?"라고 하면 돼요.

B 오늘의 단어를 써 보세요.

after ~후에, ~뒤에

after

school 학교

school

C after과 school을 두 개씩 찾아보세요.

a	f	t	e	r	y
s	c	h	o	o	l
r	u	g	b	i	d
s	c	h	o	o	l
w	a	f	t	e	r

D 오늘의 단어를 완성해 보세요.

1. [ ] f [ ] [ ] r

뜻 ~후에, ~뒤에

2. s [ ] [ ] o o [ ]

뜻 학교

E 우리말에 해당하는 영어 단어를 세 번 써 보세요.

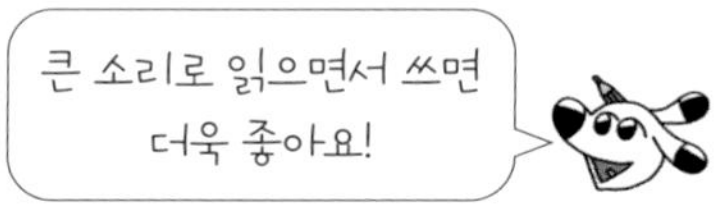
큰 소리로 읽으면서 쓰면
더욱 좋아요!

~후에, ~뒤에	a
학교	s

F 우리말과 같은 뜻이 되도록 문장을 완성해 보세요.

학교 수업이 끝난 후에 밖에서 놀아도 돼요?

1. Can I play outside ________ school?

2. Can I play outside after ________?

Can I play
outside after
school?

3. Can I play outside ________ ________?

4. Can I ________ outside ________ ________?

은정쌤의 한마디

'after school'은 '학교 수업이 끝난 후에'라는 뜻이에요. after뒤에 'school'이나 'lunch'등을 붙여서 '어떤 시점 후'를 표현할 수 있어요.

unit 47 Yes, but come back before dinner.

Can I play outside after school?
Yes, but come back before dinner.

A 동영상 강의를 들어 보세요.

unit 47 강의

but은 '하지만, 그러나' 라는 뜻이에요. 엄마가 학교 수업이 끝나고 밖에서 놀아도 된다고 허락하셨지만, 저녁 식사 전에 돌아오라고 하시네요. 'before'는 '~전에' 라는 뜻으로 'before dinner'는 '저녁 식사 전'을 말합니다.

B 오늘의 단어를 써 보세요.

but 하지만, 그러나

but

before ~전에, ~앞에

before

C but과 before를 두 개씩 찾아보세요.

b	e	f	o	r	e
u	d	a	m	u	g
t	i	n	b	u	t
p	w	j	z	l	v
b	e	f	o	r	e

D 오늘의 단어를 완성해 보세요.

1. ☐ u ☐

뜻 하지만, 그러나

2. ☐ e ☐ ☐ ☐ e

뜻 ~전에, ~앞에

큰 소리로 읽으면서 쓰면 더욱 좋아요!

E 우리말에 해당하는 영어 단어를 세 번 써 보세요.

하지만, 그러나	b
~전에, ~앞에	b

F 우리말과 같은 뜻이 되도록 문장을 완성해 보세요.

그럼, 하지만 저녁 식사 전에 돌아와.

1. Yes, ______ come back before dinner.

2. Yes, but come back __________ dinner.

Yes, but come back before dinner.

3. Yes, ______ come back __________ dinner.

4. Yes, ______ come back __________ __________.

은정쌤의 한마디 > 아침 식사는 'breakfast', 점심 식사는 'lunch', 저녁 식사는 'dinner'라고 해요.

unit 48 모아서 연습하기 16th

A 고양이들의 그림자를 찾으려고 합니다. 길을 따라 그림자가 있는 방향으로 움직여 우리말에 해당하는 영어 단어를 Word Box에서 골라 써 넣으세요.

Word Box	after	before	many	school	but

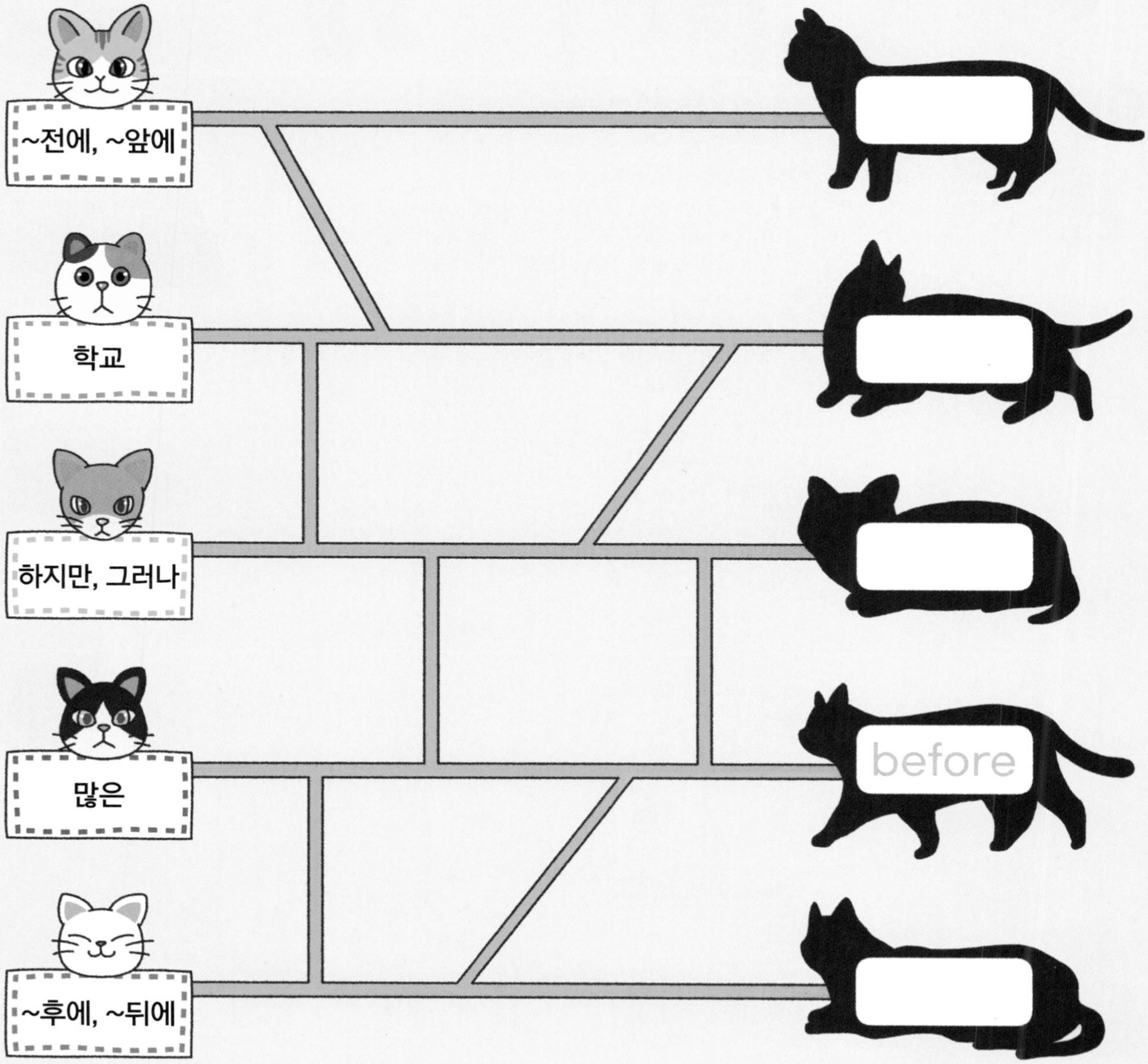

B Word Box에서 알맞은 단어를 골라 문장을 완성해 보세요.

Word Box					
but	open	many	after	Well	home
done	before	his	people	school	went

1. 학교 수업이 끝난 후에 밖에서 놀아도 돼요?

Can I play outside ________ ________?

2. 그럼, 하지만 저녁 식사 전에 돌아와.

Yes, ________ come back ________ dinner.

3. 우리 아빠가 그의 새로운 식당을 열었어.

My dad ________ed ________ new restaurant.

4. 맞아, 많은 사람들이 그 장소를 굉장히 좋아해.

Yes, ________ ________ love that place.

5. 집에 가서 숙제를 끝냈어요.

I ________ ________ and finished my homework.

6. 잘했구나.

________ ________.

C 빈칸에 알맞은 단어를 넣어 대화를 완성해 보세요.

Can I play outside ________ ________?
학교 수업이 끝난 후에 밖에서 놀아도 돼요?
Yes, ________ come back ________ dinner.
그럼, 하지만 저녁 식사 전에 돌아와.

unit 49 Could I use your phone?

Could I use your phone?
......

A 동영상 강의를 들어 보세요.

unit 49 강의

'Could I ~?'는 'Can I ~?'보다 공손한 표현이에요. '~할 수 있을까요?, ~해도 될까요?'라고 공손하게 물을 때 'Could I ~?'라는 표현을 쓰면 됩니다.

B 오늘의 단어를 써 보세요.

could <~해도 되는지 물을 때 쓰임>, ~할 수 있었다

could

use 쓰다, 사용하다

use

C could와 use를 두 개씩 찾아보세요.

c	o	u	l	d
o	m	s	t	y
u	s	e	n	d
l	i	d	a	d
d	a	p	r	w

D 오늘의 단어를 완성해 보세요.

1. ☐ ☐ ☐ l d

뜻 <~해도 되는지 물을 때 쓰임>, ~할 수 있었다

2. ☐ ☐ e

뜻 쓰다, 사용하다

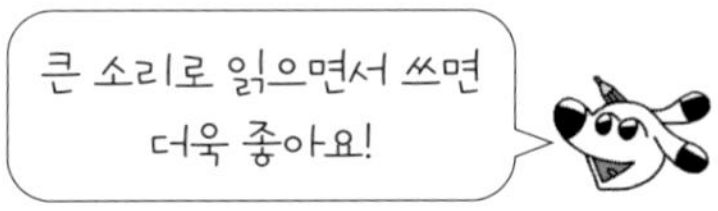
큰 소리로 읽으면서 쓰면
더욱 좋아요!

E 우리말에 해당하는 영어 단어를 세 번 써 보세요.

<~해도 되는지 물을 때 쓰임>, ~할 수 있었다	c
쓰다, 사용하다	u

F 우리말과 같은 뜻이 되도록 문장을 완성해 보세요.

내가 당신의 전화기를 사용할 수 있을까요?

1. ______ I use your phone?

Could I use
your phone?
......

2. Could I ______ your phone?

3. ______ I ______ your phone?

4. ______ ______ ______ your phone?

unit 50 Sorry, I am on the phone right now.

Could I use your phone?
Sorry, I am on the phone right now.
....

A 동영상 강의를 들어 보세요.

unit 50 강의

"나는 통화중이야."라는 말은 "I am on the phone."이라고 해요. 'on'은 '~위에'를 비롯해 다양한 뜻이 있지만 여기에서는 전화 통화를 하는 '상태'를 나타내요.

B 오늘의 단어를 써 보세요.

on <'상태'를 나타냄>, ~위에

on

right 바로, 옳은

right

C on과 right을 두 개씩 찾아보세요.

o	m	r	a	g
n	a	i	s	j
r	i	g	h	t
k	c	h	o	p
l	u	t	n	e

D 오늘의 단어를 완성해 보세요.

1. ☐ n

뜻 <'상태'를 나타냄>, ~위에

2. r ☐ ☐ ☐ t

뜻 바로, 옳은

E 우리말에 해당하는 영어 단어를 세 번 써 보세요.

큰 소리로 읽으면서 쓰면 더욱 좋아요!

<'상태'를 나타냄>, ~위에	o
바로, 옳은	r

F 우리말과 같은 뜻이 되도록 문장을 완성해 보세요.

미안해, 바로 지금 통화 중이야.

1. Sorry, I am ______ the phone right now.

2. Sorry, I am on the phone ________ now.

Sorry, I am on the phone right now.
……

3. Sorry, I am ______ the phone ________ now.

4. Sorry, I am ______ the phone ________ ________.

은정쌤의 한마디

'right(바로)'과 'now(지금)'를 함께 쓰면 '바로 지금, 당장'처럼 말하고 있는 '지금'을 강조할 수 있어요.

unit 51

모아서 연습하기 17th

A **could**, **use**, **on**, **right** 단어를 따라가면 배고픈 아기 새들에게 먹이를 줄 수 있어요. 선으로 길을 표시해 보세요.

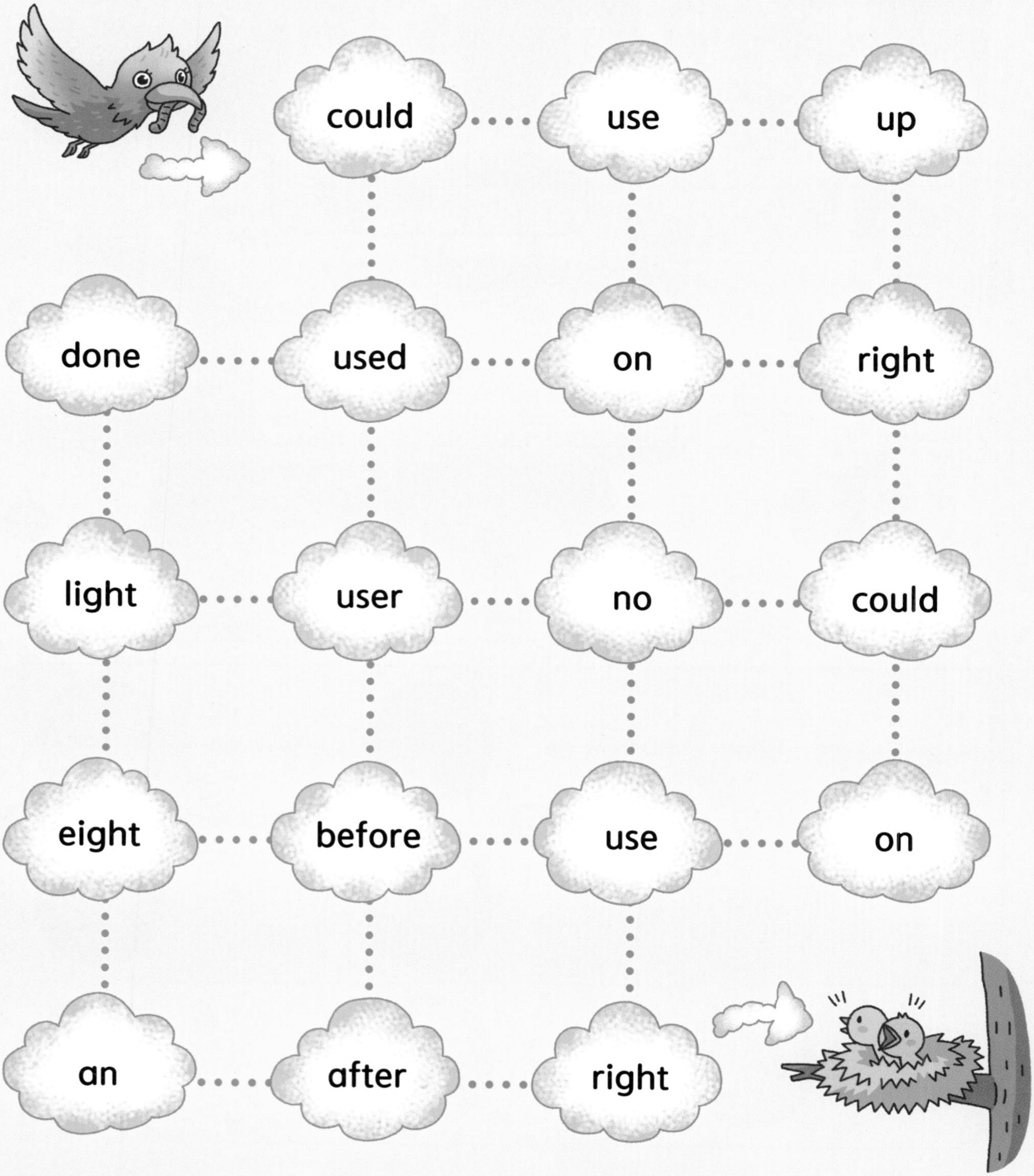

B Word Box에서 알맞은 단어를 골라 문장을 완성해 보세요.

Word Box					
but	open	many	after	Could	right
on	before	his	people	school	use

1. 내가 당신의 전화기를 사용할 수 있을까요?

_______ I _______ your phone?

2. 미안해, 바로 지금 통화 중이야.

Sorry, I am _______ the phone _______ now.

3. 학교 수업이 끝난 후에 밖에서 놀아도 돼요?

Can I play outside _______ _______?

4. 그럼, 하지만 저녁 식사 전에 돌아와.

Yes, _______ come back _______ dinner.

5. 우리 아빠가 그의 새로운 식당을 열었어.

My dad _______ed _______ new restaurant.

6. 맞아, 많은 사람들이 그 장소를 굉장히 좋아해.

Yes, _______ _______ love that place.

C 빈칸에 알맞은 단어를 넣어 대화를 완성해 보세요.

_______ I _______
your phone?
내가 당신의 전화기를 사용할 수 있을까요?
......
Sorry, I am _______
the phone _______ now.
미안해, 바로 지금 통화 중이야.

unit 52 I want to buy this book.

NEW BOOK
I want to buy this book.

A 동영상 강의를 들어 보세요.

unit 52 강의

'~하고 싶다'라고 말하려면 'I want to~'와 같은 표현을 활용하면 돼요. "I want to buy this book."처럼 'I want to~' 다음에는 자신이 하고 싶은 일을 말해요.

B 오늘의 단어를 써 보세요.

buy 사다

buy

book 책

book

C buy와 book을 두 개씩 찾아보세요.

t	s	b	u	y
i	b	o	o	k
n	u	o	h	t
e	y	k	l	j
s	a	w	e	n

D 오늘의 단어를 완성해 보세요.

1. b ☐ ☐

뜻 사다

2. ☐ o o ☐

뜻 책

큰 소리로 읽으면서 쓰면
더욱 좋아요!

E 우리말에 해당하는 영어 단어를 세 번 써 보세요.

사다	b
책	b

F 우리말과 같은 뜻이 되도록 문장을 완성해 보세요.

이 책을 사고 싶어요.

1. I want to ________ this book.

2. I want to buy this ________.

3. I want to ________ this ________.

4. I want to ________ ________ ________.

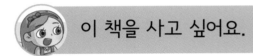

I want to buy this book.

은정쌤의 한마디 '이 책'은 'this book', '저 책'은 'that book'이라고 해요.

unit 53 If you want it, let's take it.

NEW BOOK
I want to buy this book.
If you want it, let's take it.

A 동영상 강의를 들어 보세요.

unit 53 강의

'만약 ~하면'과 같이 어떤 상황을 가정해서 말할 때 if를 씁니다. "만약 네가 그것을 원하면, 그것을 가지고 가자(사자)."라고 말하고 싶을 때에는 "If you want it, let's take it."이라고 하면 돼요.

B 오늘의 단어를 써 보세요.

if 만약 ~하면

if

take 가지고 가다

take

C if와 take를 두 개씩 찾아보세요.

k	t	n	u	b
t	a	k	e	j
u	k	o	d	i
y	e	s	q	f
i	f	e	n	k

D 오늘의 단어를 완성해 보세요.

1. i ☐

뜻 만약 ~하면

2. ☐ a ☐ ☐

뜻 가지고 가다

E 우리말에 해당하는 영어 단어를 세 번 써 보세요.

큰 소리로 읽으면서 쓰면 더욱 좋아요!

만약 ~하면	i
가지고 가다	t

F 우리말과 같은 뜻이 되도록 문장을 완성해 보세요.

만약 네가 그것을 원하면, 그것을 가지고 가자(사자).

1. ________ you want it, let's take it.

2. If you want it, let's ________ it.

3. ________ you want it, let's ________ it.

4. ________ you want it, ________ ________ it.

If you want it, let's take it.

은정쌤의 한마디 take라는 동사는 '가지고 가다'라는 뜻 외에도 정말 많은 뜻을 가지고 있어요. '사다', '~를 …로 데리고 가다'라는 뜻으로도 쓰입니다.

unit 54

모아서 연습하기 18th

A 사이트 워드(Sight words)가 적힌 캡슐 속에는 우리말이, 우리말이 적힌 캡슐 속에는 사이트 워드가 적혀 있어요. 빈칸에 알맞은 단어나 뜻을 쓰세요.

1. 사다 buy	2. 가지고 가다	3. 만약 ~하면
4. take	5. 책	6. if
7. buy	8. book	

B Word Box에서 알맞은 단어를 골라 문장을 완성해 보세요.

Word Box						
	If	right	after	but	buy	use
	school	before	take	Could	on	book

1. 이 책을 사고 싶어요.

   I want to ________ this ________.

2. 만약 네가 그것을 원하면, 그것을 가지고 가자(사자).

   ________ you want it, let's ________ it.

3. 내가 당신의 전화기를 사용할 수 있을까요?

   ________ I ________ your phone?

4. 미안해, 바로 지금 통화 중이야.

   Sorry, I am ________ the phone ________ now.

5. 학교 수업이 끝난 후에 밖에서 놀아도 돼요?

   Can I play outside ________ ________?

6. 그럼, 하지만 저녁 식사 전에 돌아와.

   Yes, ________ come back ________ dinner.

C 빈칸에 알맞은 단어를 넣어 대화를 완성해 보세요.

I want to ________ this ________.
이 책을 사고 싶어요.
________ you want it, let's ________ it.
만약 네가 그것을 원하면, 그것을 가지고 가자(사자).

unit 55

You seem really sad.

You seem really sad.

A 동영상 강의를 들어 보세요.

unit 55 강의

'seem'은 '보이다' 또는 '~인 것 같다'라는 뜻으로 "너 슬퍼 보여."는 "You seem sad."와 같이 말할 수 있어요. 여기에 'really(정말)'를 붙이면 "You seem really sad.(너는 정말 슬퍼 보여.)"와 같이 슬픈 상황을 강조할 수 있어요.

B 오늘의 단어를 써 보세요.

seem 보이다, ~인 것 같다

seem

really 정말, 아주

really

C seem과 really를 두 개씩 찾아보세요.

d	s	u	n	g	i
r	e	a	l	l	y
s	e	e	m	h	j
b	m	i	k	o	t
r	e	a	l	l	y

D 오늘의 단어를 완성해 보세요.

1.

		e	

뜻 보이다, ~인 것 같다

2.

	e				y

뜻 정말, 아주

큰 소리로 읽으면서 쓰면 더욱 좋아요!

E 우리말에 해당하는 영어 단어를 세 번 써 보세요.

보이다, ~인 것 같다	s
정말, 아주	r

F 우리말과 같은 뜻이 되도록 문장을 완성해 보세요.

너 정말 슬퍼 보여.

1. You ________ really sad.

2. You seem ____________ sad.

3. You ________ ____________ sad.

4. ________ ________ ____________ sad.

You seem really sad.

은정쌤의 한마디 "Really?"는 "정말이야?"라는 뜻으로 상대방이 한 말이 사실인지 확인하는 질문이에요.

unit 56 Only a few people came to my party.

You seem really sad.
HAPPY
Only a few people came to my party.

A 동영상 강의를 들어 보세요.

unit 56 강의

'a'와 'few'가 만나 'a few'가 되면 '어느 정도, 조금, 약간'의 뜻으로 사람이나 물건이 어느 정도 있다는 의미예요. 'Only a few people'은 '오직 몇 명의 사람'이라는 뜻이에요.

B 오늘의 단어를 써 보세요.

only 오직

only

few 약간의

few

C only와 few를 두 개씩 찾아보세요.

f	e	w	s	r
u	s	o	e	w
f	o	n	l	y
e	w	l	a	t
w	f	y	k	m

D 오늘의 단어를 완성해 보세요.

1. □ □ l □

뜻 오직

2. □ □ w

뜻 약간의

E 우리말에 해당하는 영어 단어를 세 번 써 보세요.

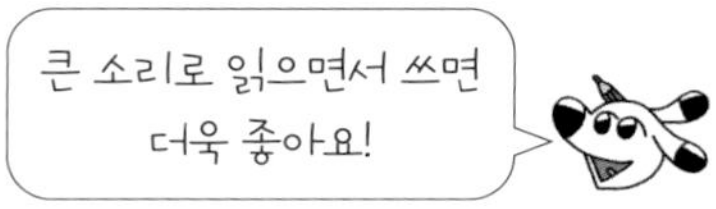
큰 소리로 읽으면서 쓰면
더욱 좋아요!

오직	o
약간의	f

F 우리말과 같은 뜻이 되도록 문장을 완성해 보세요.

오직 몇 명의 사람만 내 파티에 왔어.

1. ________ a few people came to my party.

Only a few people came to my party.

2. Only a ______ people came to my party.

3. ________ a ______ people came to my party.

4. ________ ______ ______ people came to my party.

unit 57 모아서 연습하기 19th

A 풍선을 연결한 끈의 끝에는 동물들이 기다리고 있어요. 끈을 따라 내려가 우리말에 해당하는 영어 단어를 Word Box에서 골라 써 넣으세요.

Word Box seem　　only　　if　　really　　few

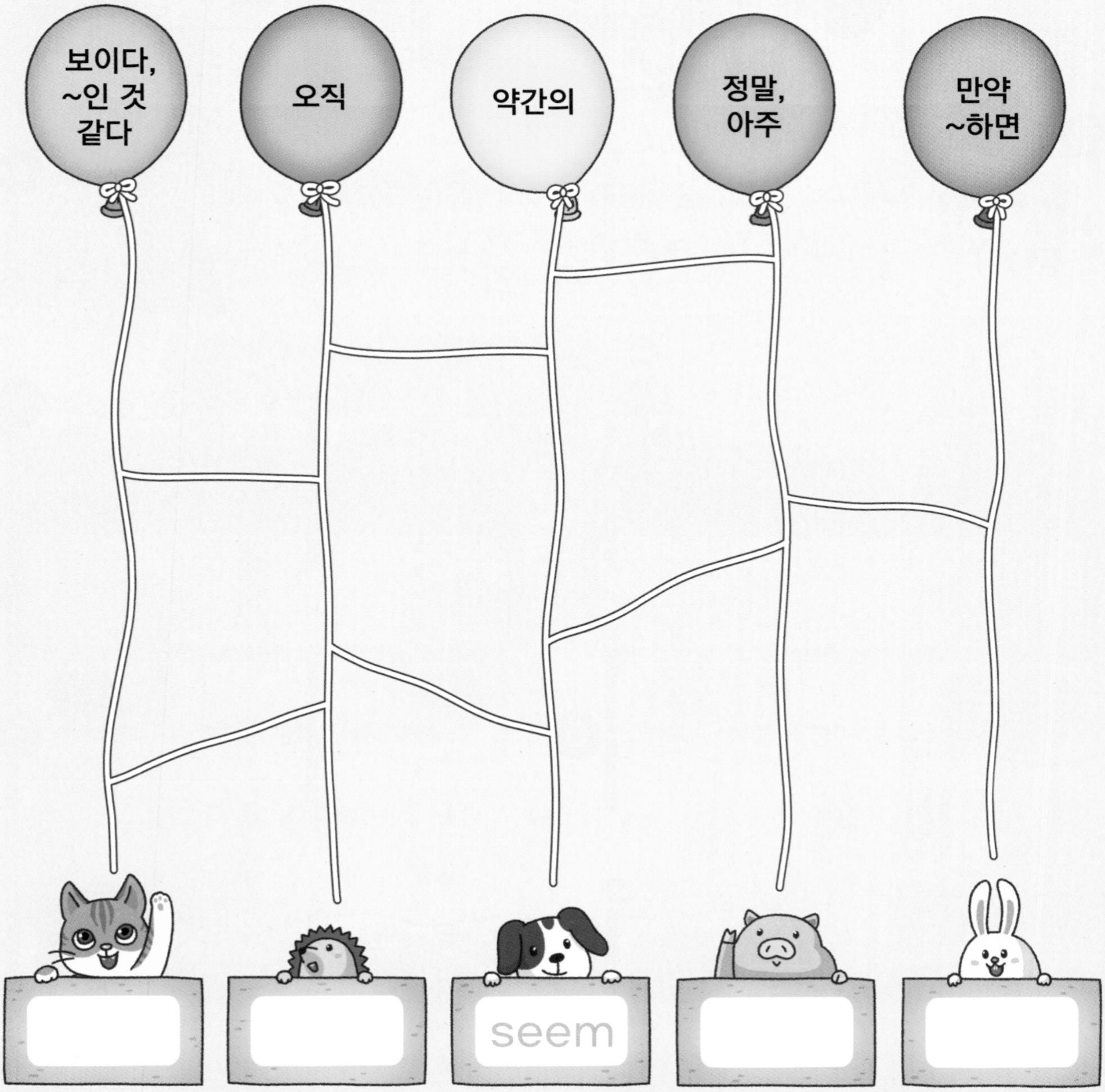

B Word Box에서 알맞은 단어를 골라 문장을 완성해 보세요.

Word Box					
Could	right	book	If	really	few
buy	use	seem	take	Only	on

1. 너 정말 슬퍼 보여.

You ________ ________ sad.

2. 오직 몇 명의 사람만 내 파티에 왔어.

________ a ________ people came to my party.

3. 이 책을 사고 싶어요.

I want to ________ this ________.

4. 만약 네가 그것을 원하면, 그것을 가지고 가자(사자).

________ you want it, let's ________ it.

5. 내가 당신의 전화기를 사용할 수 있을까요?

________ I ________ your phone?

6. 미안해, 바로 지금 통화 중이야.

Sorry, I am ________ the phone ________ now.

C 빈칸에 알맞은 단어를 넣어 대화를 완성해 보세요.

HAPPY BIRTHDAY
You ________ ________ sad.
너 정말 슬퍼 보여.
________ a ________ people came to my party.
오직 몇 명의 사람만 내 파티에 왔어.

unit 58 Those dresses are too small for me.

Those dresses are too small for me.

A 동영상 강의를 들어 보세요.

unit 58 강의

조금 떨어진 거리에 있는 사람이나 물건을 가리킬 때 'that(저 사람, 저것)'을 써요. 그 사람이나 사물이 둘 이상일 때는 'those(저 사람들, 저것들)'를 씁니다. 여기서는 dress가 여러 벌이므로 'those dresses(저 드레스들)'이며 those(저것들의)가 dresses를 꾸며 주는 역할을 해요.

B 오늘의 단어를 써 보세요.

those 저것들의, 저 사람들의

those

small 작은

small

C those와 small을 두 개씩 찾아보세요.

t	h	o	s	e
h	d	a	m	r
o	w	u	a	i
s	m	a	l	l
e	p	z	l	g

D 오늘의 단어를 완성해 보세요.

1. t h _ _ _

뜻 저것들의, 저 사람들의

2. _ _ _ l l

뜻 작은

E 우리말에 해당하는 영어 단어를 세 번 써 보세요.

큰 소리로 읽으면서 쓰면 더욱 좋아요!

저것들의, 저 사람들의	t
작은	s

F 우리말과 같은 뜻이 되도록 문장을 완성해 보세요.

저 드레스들이 나에게 너무 작아요.

1. ________ dresses are too small for me.

2. Those dresses are too ________ for me.

3. ________ dresses are too ________ for me.

4. ________ dresses are too ________ ________ me.

Those dresses are too small for me.

은정쌤의 한마디 'too'는 여러가지 뜻이 있어요. "You too.(너도 역시.)"에서는 '역시'라는 뜻으로 쓰였고, 이번 문장에서는 '너무'라는 뜻으로 쓰였어요.

unit 59 Will you buy me another one?

Those dresses are too small for me.
Will you buy me another one?

A 동영상 강의를 들어 보세요.

unit 59 강의

'one'은 '하나'라는 뜻으로 제일 많이 쓰이지요. 하지만 앞에서 말한 사람이나 물건을 다시 한 번 언급할 때에도 'one'을 써요. 다른 드레스를 사 달라고 부탁할 때 "Will you buy me another one?"이라고 말해 보세요.

B 오늘의 단어를 써 보세요.

another 또 하나의, 다른

another

one <앞에 이미 언급한 사람·사물을 가리킬 때 쓰임>, 하나

one

C another과 one을 두 개씩 찾아보세요.

a	n	o	t	h	e	r
s	y	n	e	r	i	p
u	o	e	b	d	o	t
n	e	s	m	z	n	q
a	n	o	t	h	e	r

D 오늘의 단어를 완성해 보세요.

1. □ □ □ t h □ □

뜻 또 하나의, 다른

2. o □ □

뜻 <앞에 이미 언급한 사람·사물을 가리킬 때 쓰임>, 하나

E 우리말에 해당하는 영어 단어를 세 번 써 보세요.

큰 소리로 읽으면서 쓰면 더욱 좋아요!

또 하나의, 다른	a
<앞에 이미 언급한 사람·사물을 가리킬 때 쓰임>, 하나	o

F 우리말과 같은 뜻이 되도록 문장을 완성해 보세요.

다른 것을 하나 사 주실 수 있어요?

1. Will you buy me __________ one?

2. Will you buy me another ________?

3. Will you buy me __________ ________?

4. Will ________ buy me __________ ________?

Will you buy me another one?

은정쌤의 한마디 'another'은 '또 하나의, 다른'이란 뜻으로 하나가 더 추가된다는 의미예요.

unit 60

모아서 연습하기 20th

A **those**, **small**, **another**, **one** 단어를 따라가면 친구들이 있는 캠핑장으로 갈 수 있어요. 선으로 길을 표시해 주세요.

B Word Box에서 알맞은 단어를 골라 문장을 완성해 보세요.

Word Box

Those	really	take	book	another	few
Only	buy	If	small	one	seem

1. 저 드레스들이 나에게 너무 작아요.
   _______ dresses are too _______ for me.

2. 다른 것을 하나 사 주실 수 있어요?
   Will you buy me _______ _______?

3. 너 정말 슬퍼 보여.
   You _______ _______ sad.

4. 오직 몇 명의 사람만 내 파티에 왔어.
   _______ a _______ people came to my party.

5. 이 책을 사고 싶어요.
   I want to _______ this _______.

6. 만약 네가 그것을 원하면, 그것을 가지고 가자(사자).
   _______ you want it, let's _______ it.

C 빈칸에 알맞은 단어를 넣어 문장을 완성해 보세요.

_______ dresses are too _______ for me.
저 드레스들이 나에게 너무 작아요.
Will you buy me _______ _______?
다른 것을 하나 사 주실 수 있어요?

바쁜 초등학생을 위한 빠른 사이트 워드 2

Sight Words

정답

unit 01 8~9쪽

C

s	c	o	h	l
c	a	m	e	b
r	m	w	g	a
s	e	h	j	c
t	b	a	c	k

D

1. a, e 2. b, c

F

1. came 2. back
3. came, back
4. You, came, back

unit 02 10~11쪽

C

h	a	p	p	y
a	w	b	f	s
p	i	s	e	e
p	c	a	n	e
y	r	m	x	w

D

1. h, p, p 2. e, e

F

1. Happy 2. see
3. Happy, see
4. Happy, to, see

unit 03 12~13쪽

A

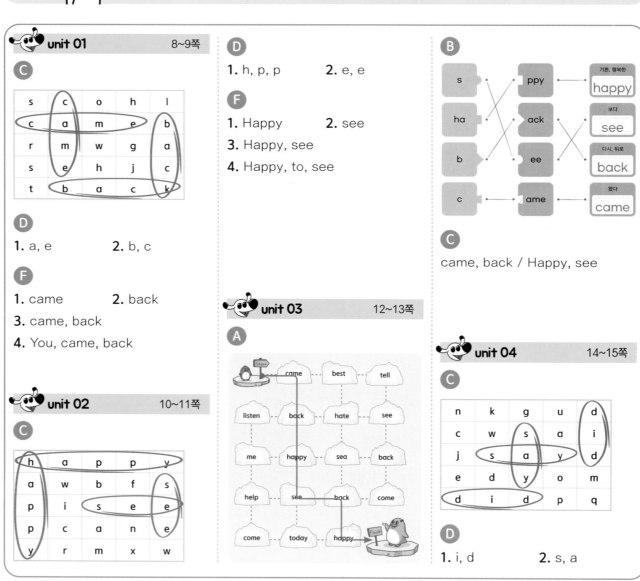

B

- s – ee – see (보다)
- ha – ppy – happy (기쁜, 행복한)
- b – ack – back (다시, 뒤로)
- c – ame – came (왔다)

C

came, back / Happy, see

unit 04 14~15쪽

C

n	k	g	u	d
c	w	s	a	i
j	s	a	y	d
e	d	y	o	m
d	i	d	p	q

D

1. i, d 2. s, a

F

1. did 2. say
3. did, say
4. did, you, say

unit 05 16~17쪽

C

s	a	l	i	r
a	l	o	v	e
i	h	v	q	j
d	j	e	t	b
s	a	i	d	w

D

1. s, d 2. o, v, e

F

1. said 2. love
3. said, love
4. said, love, you

unit 06 18~19쪽

A

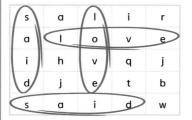

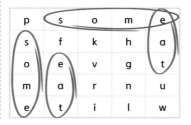

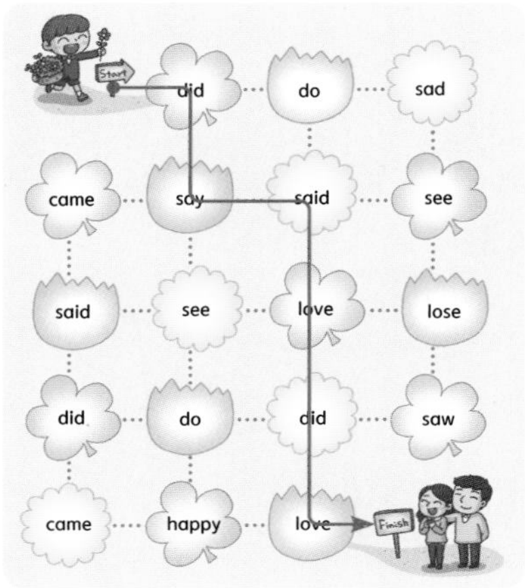

B

1. say 2. said
3. came 4. Happy
5. You, back 6. to, see

C

(왼쪽 말풍선에서 오른쪽 말풍선 순서로)

did, say / said, love

unit 07 20~21쪽

C

b	a	r	u	w
e	m	u	s	t
g	h	o	b	k
i	d	v	e	p
m	u	s	t	n

D

1. u, s, t 2. b

F

1. must 2. be
3. must, be
4. You, must, be

unit 08 22~23쪽

C

p	s	o	m	e
s	f	k	h	a
o	e	v	g	t
m	a	r	n	u
e	t	i	l	w

D

1. e, a 2. s, m, e

F

1. eat 2. some
3. eat, some
4. eat, some, pizza

unit 09 24~25쪽

A

1. (틀림없이) ~일 것이다, ~해야 하다
2. be 3. ~이다, 있다
4. some 5. must
6. 먹다 7. eat
8. 약간의

B

1. must, be 2. eat, some
3. did, say 4. said, love
5. came, back 6. Happy, see

C

must, be / eat, some

unit 10 26~27쪽

C

t	o	g	e	t	h	e	r
m	a	r	b	l	o	w	g
w	u	n	l	g	h	l	a
t	o	g	e	t	h	e	r
j	d	i	t	y	s	t	p

D

1. l, t 2. o, e, h, e, r

F

1. Let 2. together
3. Let, together
4. Let's, together

unit 11 28~29쪽

C

u	s	p	u	t
h	o	a	s	k
p	a	w	a	y
u	j	a	g	u
t	m	y	l	s

D

1. p, u 2. w, y

F

1. put 2. away
3. put, away
4. Please, put, away

unit 12 30~31쪽

A

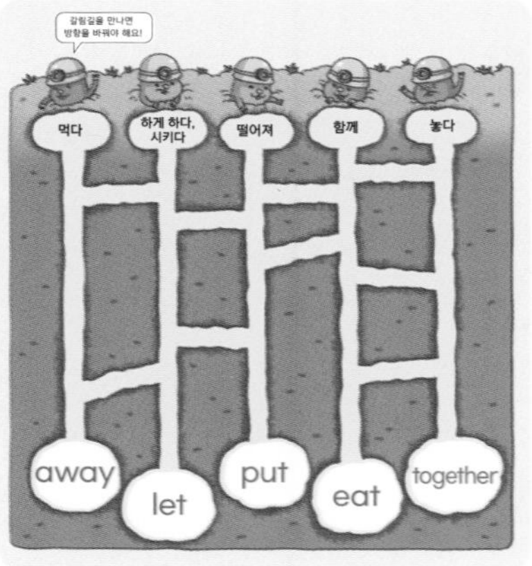

B

1. Let, together 2. put, away
3. must, be 4. eat, some
5. did, say 6. said, love

C

Let, together / put, away

unit 13 32~33쪽

C

s	t	a	r	t
t	b	w	i	x
a	w	h	e	n
r	q	e	o	l
t	w	n	u	y

D

1. h, e 2. a, r, t

F

1. When 2. start
3. When, start
4. When, does, start

unit 14 34~35쪽

C

s	i	t	a	p
i	b	h	d	u
t	h	e	r	e
v	i	r	o	m
s	w	e	k	y

D

1. i, t 2. t, h, e

F

1. sit 2. there
3. sit, there
4. Let's, sit, there

unit 15 36~37쪽

A

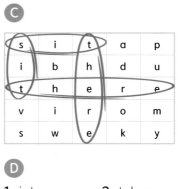

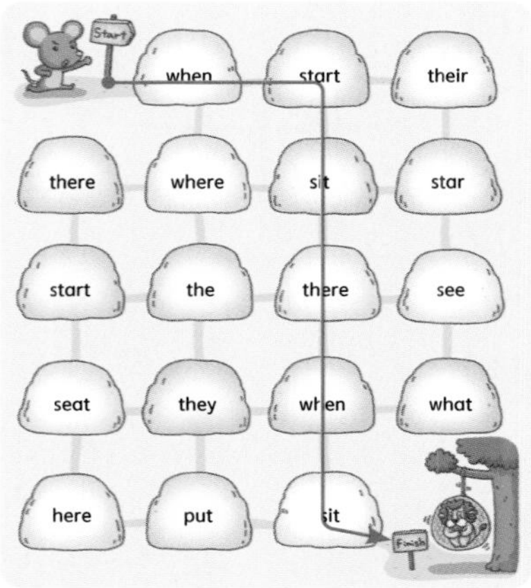

B

1. When, start 2. sit, there
3. Let, together 4. put, away
5. must, be 6. eat, some

C

(왼쪽 말풍선에서 오른쪽 말풍선 순서로)

When, start / sit, there

unit 16 38~39쪽

C

t	a	l	k	a
a	b	i	g	b
l	o	h	e	o
k	u	j	r	u
s	t	w	v	t

D

1. a, l　　2. a, o, u

F

1. talk　　2. about
3. talk, about
4. Let's, talk, about

unit 17　40~41쪽

C

a	n	k	m	i	v
b	e	c	o	m	e
g	t	u	h	u	w
b	e	c	o	m	e
h	s	a	n	p	t

D

1. e, o, m, e　　2. a

F

1. become　　2. an
3. become, an
4. want, become, an

unit 18　42~43쪽

A

1. ~이 되다　　2. talk
3. become　　4. 하나의
5. an　　6. about
7. 이야기하다, 말하다
8. ~에 대해서

B

1. talk, about　　2. become, an
3. When, start　　4. sit, there
5. Let, together　　6. put, away

C

(왼쪽 말풍선에서 오른쪽 말풍선 순서로)

talk, about / become, an

unit 19　44~45쪽

C

v	a	k	o	y
e	f	i	n	d
t	i	w	s	h
a	n	g	u	i
q	d	h	i	m

D

1. i, n　　2. i, m

F

1. find　　2. him
3. find, him
4. Where, find, him

unit 20　46~47쪽

C

f	o	u	n	d
o	s	n	t	i
u	n	d	e	r
n	b	e	p	v
d	c	r	a	m

D

1. o, u, n　　2. u, n, e, r

F

1. found　　2. under
3. found, under
4. found, him, under

unit 21　48~49쪽

A

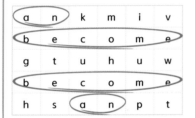

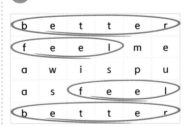

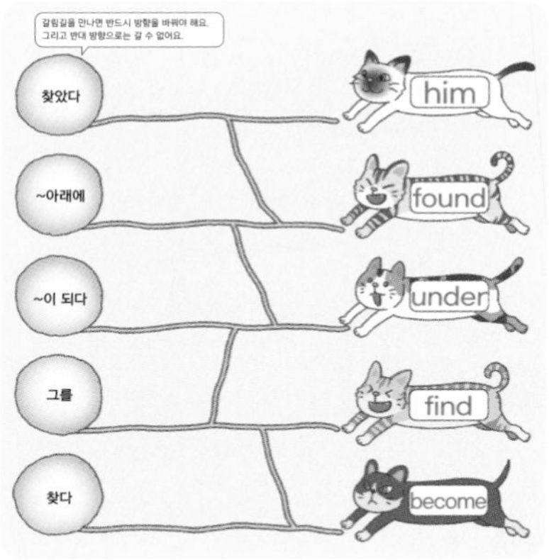

B

1. find, him　　2. found, under
3. talk, about　　4. become, an
5. When, start　　6. sit, there

C

(왼쪽 말풍선에서 오른쪽 말풍선 순서로)

1. find, him　　2. found, under

unit 22　50~51쪽

C

b	e	t	t	e	r
f	e	e	l	m	e
a	w	i	s	p	u
a	s	f	e	e	l
b	e	t	t	e	r

D

1. f, e　　2. t, t, e, r

F

1. feel　　2. better
3. feel, better
4. you, feel, better

unit 23 52~53쪽

C

m	l	s	u	n
g	o	t	r	z
b	t	e	g	a
i	s	l	o	t
v	w	e	t	c

D

1. o, t 2. l, o

F

1. got 2. lot
3. got, lot 4. got, a, lot

unit 24 54~55쪽

A

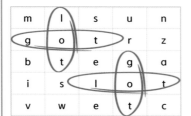

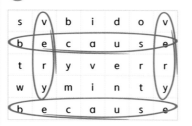

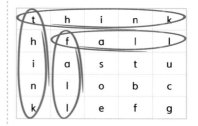

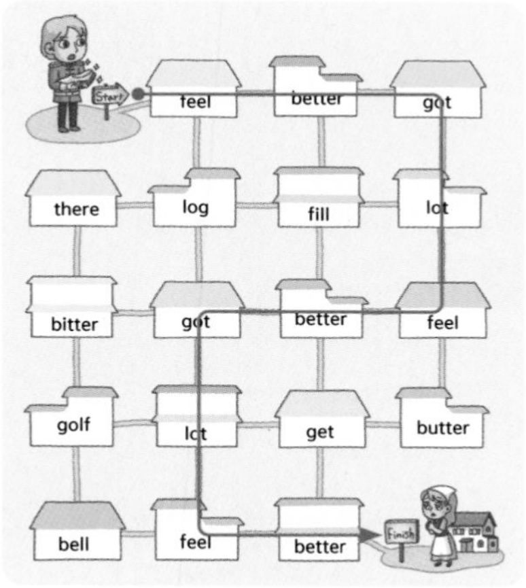

B

1. feel, better 2. got, lot
3. find, him 4. found, under
5. talk, about 6. become, an

C

(왼쪽 말풍선에서 오른쪽 말풍선 순서로)

feel, better / got, lot

unit 25 56~57쪽

C

w	h	y	b	a
e	t	m	u	s
r	w	e	r	e
e	h	z	p	q
b	y	s	t	i

D

1. h, y 2. e, r

F

1. Why 2. were
3. Why, were
4. Why, were, you

unit 26 58~59쪽

C

s	v	b	i	d	o	v
b	e	c	a	u	s	e
t	r	y	v	e	r	r
w	y	m	i	n	t	y
b	e	c	a	u	s	e

D

1. e, a, u, e 2. v, r, y

F

1. Because 2. very
3. Because, very
4. Because, I, very

unit 27 60~61쪽

A

1. because 2. very
3. 왜 4. ~였다
5. were 6. 매우
7. why 8. ~때문에

B

1. Why, were
2. Because, very
3. feel, better 4. got, lot
5. find, him 6. found, under

C

(왼쪽 말풍선에서 오른쪽 말풍선 순서로)

Why, were / Because, very

unit 28 62~63쪽

C

t	h	i	n	k
h	f	a	l	l
i	a	s	t	u
n	l	o	b	c
k	l	e	f	g

D

1. h, i, n 2. f, a

F

1. think 2. fall
3. think, fall
4. think, am, fall

unit 29 64~65쪽

C

b	r	a	s	n
d	g	i	v	e
u	i	d	p	v
k	v	o	x	e
n	e	v	e	r

D

1. n, e, e 2. g, i, e

F

1. Never 2. give
3. Never, give
4. Never, give, up

unit 30 66~67쪽

A

B

1. think, fall 2. Never, give
3. Why, were
4. Because, very
5. feel, better 6. got, lot

C

(왼쪽 말풍선에서 오른쪽 말풍선 순서로)

think, fall / Never, give

unit 31 68~69쪽

C

e	v	e	r	y
a	w	v	a	r
s	r	e	l	u
t	u	r	r	n
i	n	y	j	y

D

1. r, n 2. v, e, r

F

1. run 2. every
3. run, every
4. run, every, day

unit 32 70~71쪽

C

m	a	p	h	v
a	w	o	r	k
s	o	d	l	e
y	r	s	t	e
i	k	e	e	p

D

1. e, e, p 2. w, r, k

F

1. Keep 2. work
3. Keep, work
4. Keep, good, work

unit 33 72~73쪽

A

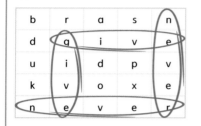

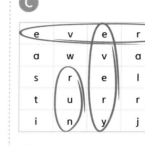

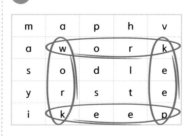

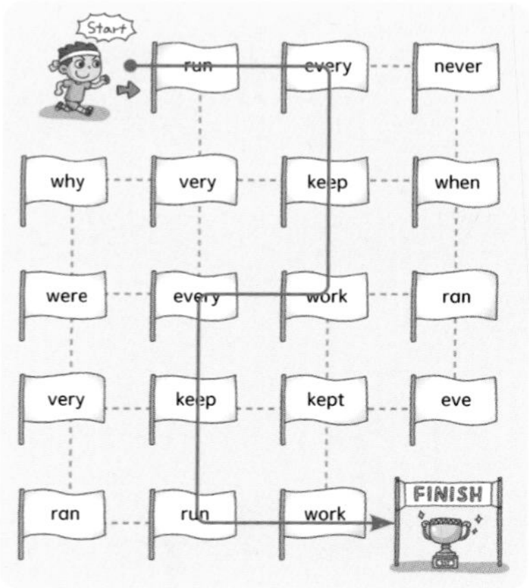

B

1. run, every 2. Keep, work
3. think, fall 4. Never, give
5. Why, were
6. Because, very

C

(왼쪽 말풍선에서 오른쪽 말풍선 순서로)

run, every / Keep, work

unit 34 74~75쪽

C

g	j	h	m	k
k	n	e	c	n
n	h	r	r	o
o	d	x	b	w
w	h	e	r	t

D

1. k, n, w 2. e

F

1. know　2. her
3. know, her
4. you, know, her

unit 35 　76~77쪽

C

b	o	f	u	g
d	l	e	y	s
a	d	t	o	f
c	r	u	l	h
t	k	w	d	i

D

1. o　2. l, d

F

1. Of　2. old
3. Of, old
4. Of, my, old

unit 36 　78~79쪽

A

1. old　2. her
3. know　4. 알다
5. ~의
6. 나이가 많은, 늙은
7. 그녀를, 그녀의
8. of

B

1. know, her　2. Of, old
3. run, every　4. Keep, work
5. think, fall　6. Never, give

C

(왼쪽 말풍선에서 오른쪽 말풍선 순서로)
know, her / Of, old

unit 37 　80~81쪽

C

d	t	b	u	m
t	h	e	s	e
b	e	e	n	v
l	s	n	o	q
w	e	t	c	i

D

1. e, e　2. t, e, s

F

1. been　2. these
3. been, these
4. have, been, these

unit 38 　82~83쪽

C

t	o	a	s	r
s	c	h	a	t
a	s	u	m	k
m	j	y	e	d
e	w	z	q	a

D

1. a, e　2. a

F

1. Same　2. as
3. Same, as
4. Same, as, usual

unit 39 　84~85쪽

A

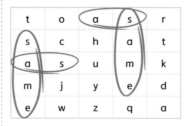

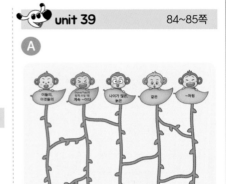

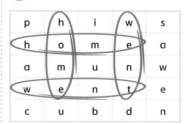

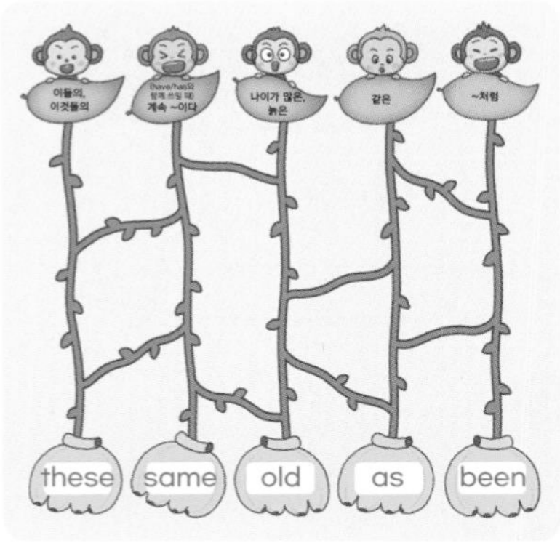

B

1. been, these　2. Same, as
3. know, her　4. Of, old
5. run, every　6. Keep, work

C

(왼쪽 말풍선에서 오른쪽 말풍선 순서로)
Same, as / been, these

unit 40 　86~87쪽

C

p	h	i	w	s
h	o	m	e	a
a	m	u	n	w
w	e	n	t	e
c	u	b	d	n

D

1. e, n　2. o, e

F

1. went　2. home
3. went, home
4. went, home, and

unit 41 88~89쪽

C

b	t	u	s	w
h	d	o	n	e
a	m	u	t	l
c	w	e	l	l
d	o	n	e	k

D

1. w, l, l 2. d, n

F

1. Well 2. done
3. Well, done 4. Well done.

unit 42 90~91쪽

A

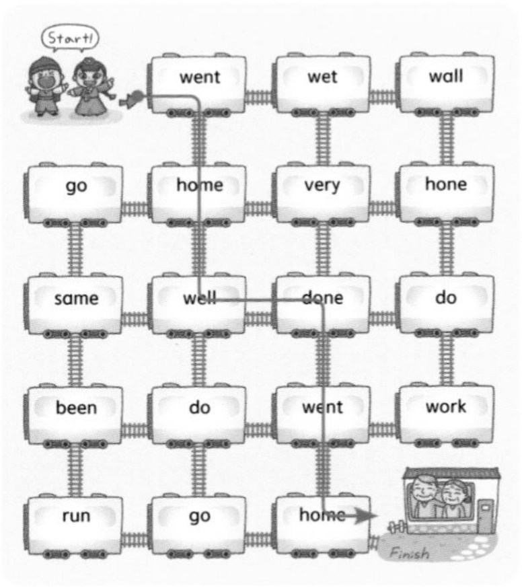

B

1. went, home 2. Well, done
3. been, these 4. Same, as
5. know, her 6. Of, old

C

(왼쪽 말풍선에서 오른쪽 말풍선 순서로)
Well, done / went, home

unit 43 92~93쪽

C

h	o	p	e	n
h	i	h	k	o
f	e	i	a	p
h	i	s	l	e
d	a	v	u	n

D

1. o, e, n 2. h, s

F

1. open 2. his
3. open, his
4. open, his, new

unit 44 94~95쪽

C

p	e	o	p	l	e
s	m	a	n	y	c
m	a	m	a	n	y
p	e	o	p	l	e
w	u	v	t	e	f

D

1. m, n, y 2. e, o, l, e

F

1. many 2. people
3. many, people
4. many, people, love

unit 45 96~97쪽

A

1. open 2. 사람들
3. 열다 4. 많은
5. 그의 6. many
7. people 8. his

B

1. open, his
2. many, people
3. went, home 4. Well, done
5. been, these 6. Same, as

C

(왼쪽 말풍선에서 오른쪽 말풍선 순서로)
open, his / many, people

unit 46 98~99쪽

C

a	f	t	e	r	y
s	c	h	o	o	l
r	u	g	b	i	d
s	c	h	o	o	l
w	a	f	t	e	r

D

1. a, t, e 2. c, h, l

F

1. after 2. school
3. after, school
4. play, after, school

unit 47 100~101쪽

C

b	e	f	o	r	e
u	d	a	m	u	g
t	i	n	b	u	t
p	w	j	z	l	v
b	e	f	o	r	e

D

1. b, t　**2.** b, f, o, r

F

1. but　**2.** before

3. but, before

4. but, before, dinner

unit 48 102~103쪽

A

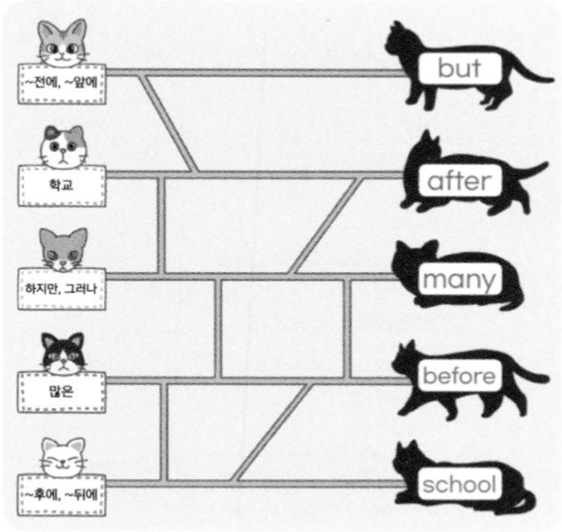

B

1. after, school　**2.** but, before

3. open, his　**4.** many, people

5. went, home　**6.** Well, done

C

(왼쪽 말풍선에서 오른쪽 말풍선 순서로)

after, school / but, before

unit 49 104~105쪽

C

c	o	u	l	d
o	m	s	t	y
u	s	e	n	d
l	i	d	a	d
d	a	p	r	w

D

1. c, o, u　**2.** u, s

F

1. Could　**2.** use

3. Could, use　**4.** Could, I, use

unit 50 106~107쪽

C

o	m	r	a	g
n	a	i	s	j
r	i	g	h	t
k	c	h	o	p
l	u	t	n	e

D

1. o　**2.** i, g, h

F

1. on　**2.** right

3. on, right

4. on, right, now

unit 51 108~109쪽

A

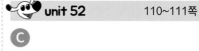

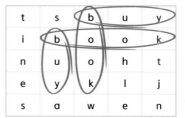

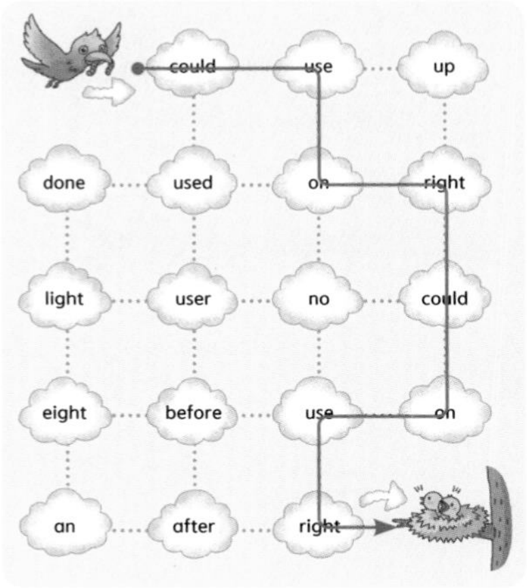

B

1. Could, use　**2.** on, right

3. after, school　**4.** but, before

5. open, his

6. many, people

C

(왼쪽 말풍선에서 오른쪽 말풍선 순서로)

Could, use / on, right

unit 52 110~111쪽

C

t	s	b	u	y
i	b	o	o	k
n	u	o	h	t
e	y	k	l	j
s	a	w	e	n

D

1. u, y　**2.** b, k

F

1. buy 2. book
3. buy, book
4. buy, this, book

unit 53 112~113쪽

C

k	t	n	u	b
t	a	k	e	j
u	k	o	d	i
y	e	s	q	f
i	f	e	n	k

D

1. f 2. t, k, e

F

1. If 2. take
3. If, take 4. If, let's, take

unit 54 114~115쪽

A

1. buy 2. take
3. if 4. 가지고 가다
5. book 6. 만약 ~하면
7. 사다 8. 책

B

1. buy, book 2. If, take
3. Could, use 4. on, right
5. after, school 6. but, before

C

(왼쪽 말풍선에서 오른쪽 말풍선 순서로)
buy, book / If, take

unit 55 116~117쪽

C

d	s	u	n	g	i
r	e	a	l	l	y
s	e	e	m	h	j
b	m	i	k	o	t
r	e	a	l	l	y

D

1. s, e, m 2. r, a, l, l

F

1. seem 2. really
3. seem, really
4. You, seem, really

unit 56 118~119쪽

C

f	e	w	s	r
u	s	o	e	w
f	o	n	l	y
e	w	l	a	t
w	f	y	k	m

D

1. o, n, y 2. f, e

F

1. Only 2. few
3. Only, few 4. Only, a, few

unit 57 120~121쪽

A

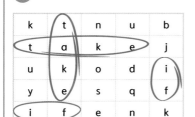

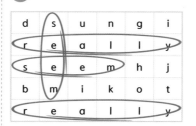

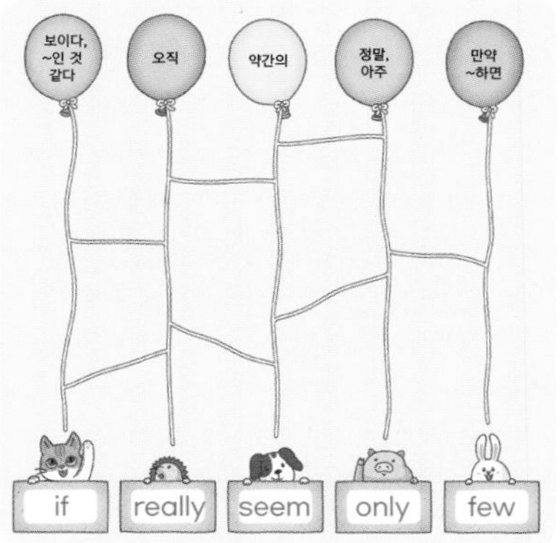

B

1. seem, really 2. Only, few
3. buy, book 4. If, take
5. Could, use 6. on, right

C

(왼쪽 말풍선에서 오른쪽 말풍선 순서로)
seem, really / Only, few

unit 58 122~123쪽

C

t	h	o	s	e
h	d	a	m	r
o	w	u	a	i
s	m	a	l	l
e	p	z	l	g

D

1. o, s, e 2. s, m, a

F

1. Those 2. small
3. Those, small
4. Those, small, for

unit 59 124~125쪽

C

a	n	o	t	h	e	r
s	y	n	e	r	i	p
u	o	e	b	d	o	t
n	e	s	m	z	n	q
a	n	o	t	h	e	r

D

1. a, n, o, e, r **2.** n, e

F

1. another **2.** one

3. another, one

4. you, another, one

unit 60 126~127쪽

A

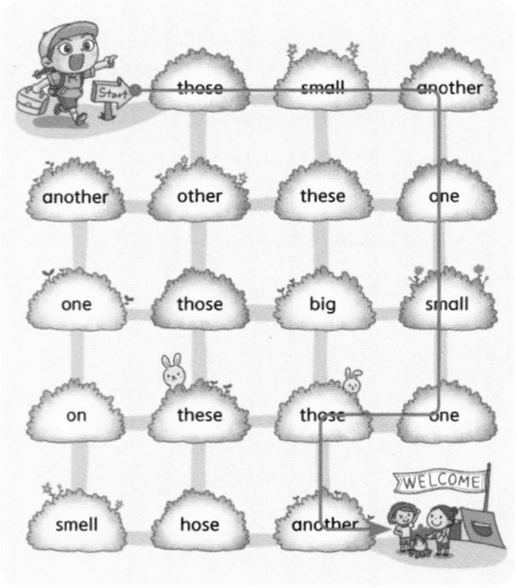

B

1. Those, small **2.** another, one

3. seem, really **4.** Only, few

5. buy, book **6.** If, take

C

(왼쪽 말풍선에서 오른쪽 말풍선 순서로)

Those, small / another, one

같이 보면 좋은 책

바빠 시리즈

뉴욕 파닉스 수업이 우리집으로 들어왔다!

별쌤(Stephanie Yim) 지음 | 12,000원

원어민 쌤과 함께하는 파닉스 홈트레이닝

Aa 강의 보기

QR 코드를 찍으면 뉴욕 파닉스 수업 시작!

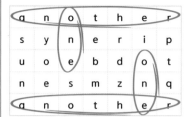

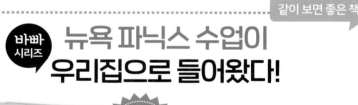

Sight Words
어려운 사이트 워드는 반복해서 연습해 봐요!

바쁜 초등학생을 위한 빠른 급수 한자 8급 | 9,000원

한 번 봐도 두 번 외운 효과! **두뇌 자극** 한자 책

초등 1학년도 10일이면 8급 시험 준비 끝!

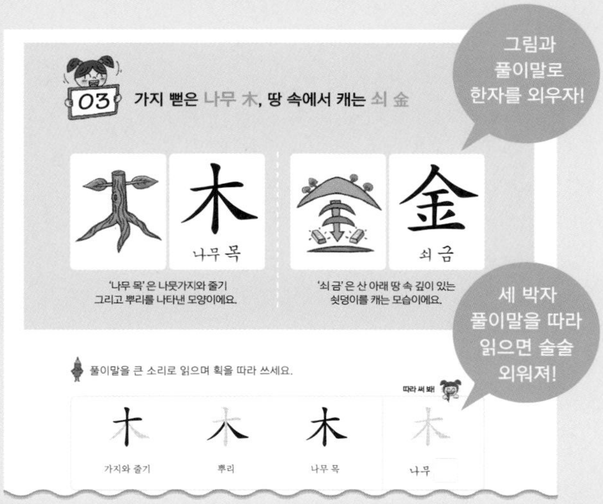

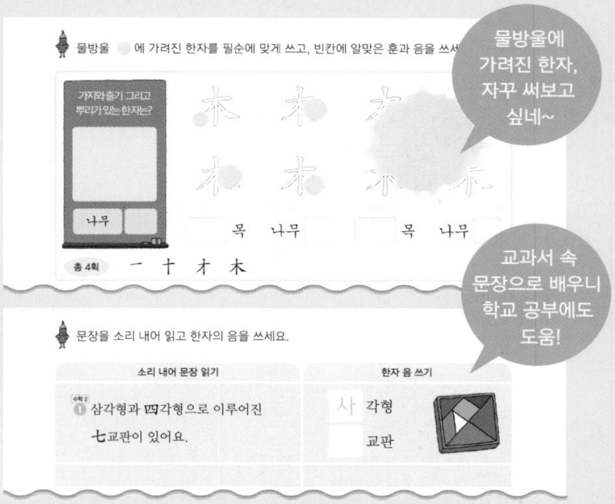

7급 ①, ②권과 6급 ①, ②, ③권도 있어요!

바쁜 초등학생을 위한 빠른 맞춤법 시리즈

" 초등 필수
맞춤법, 띄어쓰기, 받아쓰기를
한 번에 해결! "

스마트한 학습 설계로 요즘 인기 있는 학습서!

바빠 시리즈

교과 연계용 바빠 교과서 연산

- 국내 유일! **교과서 쪽수** 제시!
  - 단원평가 직전에 풀어 보면 효과적!
- **친구들이 자주 틀린 문제** 집중 연습!
  - 덜 공부해도 더 빨라지네?
- **수학 전문학원 원장님들**의 연산 꿀팁 수록!
  - 연산 속도 개선을 눈으로 확인한다!
- 스스로 집중하는 **목표 시계의 놀라운 효과!**

* 1~6학년용 학기별 출간!

결손 보강용 바빠 연산법

- 바쁜 초등학생을 위한 빠른 구구단
- 바쁜 1·2학년을 위한 빠른 연산법
  - 덧셈 편, 뺄셈 편
- 바쁜 3·4학년을 위한 빠른 연산법
  - 덧셈 편, 뺄셈 편, 곱셈 편, 나눗셈 편, 분수 편
- 바쁜 5·6학년을 위한 빠른 연산법
  - 곱셈 편, 나눗셈 편, 분수 편, 소수 편

* 중학연산 분야 1위! '바빠 중학연산'도 있습니다!

Sight Words Cards 점선을 따라 자르면 사이트 워드 카드가 돼요!

came	back
happy	see
did	say
said	love
must	be

단어 카드 활용법

1 자주 눈에 띄어 익숙해지도록 단어 카드를 잘라서 식탁에 두거나 문에 붙여 주세요~

다시, 뒤로

You came back.

왔다

You came back.

보다

Happy to see you again.

기쁜, 행복한

Happy to see you again.

말하다

What did you say?

〈다른 동사 앞에서 질문하는 문장을 만들 때 쓰임〉, 했다

What did you say?

사랑하다

I said, "I love you."

말했다

I said, "I love you."

~이다, 있다

You must be hungry.

(틀림없이) ~일 것이다, ~해야 하다

You must be hungry.

2 부모님이 단어 카드를 보여 주면 아이가 뜻을 말하게 해 주세요. 또 거꾸로도 해 보세요.

3 게임처럼 활용해도 좋아요. 예 단어 카드를 식탁 위에 놓고 단어를 외치면 카드를 빨리 찾은 사람의 점수가 올라가는 거예요.

eat	some
let	together
put	away
when	start
sit	there

약간의

Do you want to eat some pizza?

먹다

Do you want to eat some pizza?

함께

Let's clean up together.

하게 하다, 시키다

Let's clean up together.

떨어져

Please put away your toys.

놓다

Please put away your toys.

시작하다

When does the movie start?

언제

When does the movie start?

거기(저기)에

Soon. Let's sit there.

앉다

Soon. Let's sit there.

talk	about
become	an
find	him
found	under
feel	better

~에 대해서

Let's talk about your dream.

이야기하다, 말하다

Let's talk about your dream.

하나의

I want to become an artist.

~이 되다

I want to become an artist.

그를

Where did you find him?

찾다

Where did you find him?

~아래에

I found him under the sofa.

찾았다

I found him under the sofa.

더 나은, 더 좋은

Do you feel better now?

느끼다

Do you feel better now?

got	lot
why	were
because	very
think	fall
never	give

많은

I'm OK. I got a lot of sleep.

받았다

I'm OK. I got a lot of sleep.

~였다

Why were you late?

왜

Why were you late?

매우

Because I got up very late.

~때문에

Because I got up very late.

떨어지다

I think I am falling behind.

생각하다

I think I am falling behind.

주다

Never give up.

절대 ~않다

Never give up.

run	every
keep	work
know	her
of	old
been	these

모든

I run every day.

달리다

I run every day.

일, 일하다

Keep up the good work.

유지하다, 계속하다

Keep up the good work.

그녀를, 그녀의

Do you know her?

알다

Do you know her?

나이가 많은, 늙은

Of course.
She is my older sister.

~의

Of course.
She is my older sister.

이들의, 이것들의

How have you been
these days?

〈have/has와 함께 쓰일 때〉

계속 ~이다

How have you been
these days?

same	as
went	home
well	done
open	his
many	people

~처럼

Same as usual.

같은

Same as usual.

집, 집으로

I went home and
finished my homework.

갔다

I went home and
finished my homework.

다 끝낸

Well done.

잘

Well done.

그의

My dad opened
his new restaurant.

열다

My dad opened
his new restaurant.

사람들

Yes, many people
love that place.

많은

Yes, many people
love that place.

after	school
but	before
could	use
on	right
buy	book

학교

Can I play outside after school?

~후에, ~뒤에

Can I play outside after school?

~전에, ~앞에

Yes, but come back before dinner.

하지만, 그러나

Yes, but come back before dinner.

쓰다, 사용하다

Could I use your phone?

<~해도 되는지 물을 때 쓰임>, ~할 수 있었다

Could I use your phone?

바로, 옳은

Sorry, I am on the phone right now.

<'상태'를 나타냄>, ~위에

Sorry, I am on the phone right now.

책

I want to buy this book.

사다

I want to buy this book.

if	take
seem	really
only	few
those	small
another	one

가지고 가다

If you want it, let's take it.

만약 ~하면

If you want it, let's take it.

정말, 아주

You seem really sad.

보이다,
~인 것 같다

You seem really sad.

약간의

Only a few people came to my party.

오직

Only a few people came to my party.

작은

Those dresses are too small for me.

저것들의,
저 사람들의

Those dresses are too small for me.

<앞에 이미 언급한
사람·사물을
가리킬 때 쓰임>, 하나

Will you buy me another one?

또 하나의, 다른

Will you buy me another one?

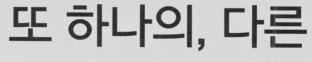

이렇게 공부가 잘 되는 영어 책 봤어?

손이 기억하는 영어 훈련 프로그램

바빠 영어 시리즈 베스트 셀러

원어민 선생님과 함께하는 파닉스 홈트레이닝!

유튜브 강의로 배우는 뉴욕 스타일 파닉스

실생활 회화 문장으로 익히는 사이트 워드!

저자와 네이티브 선생님의 유튜브 강의 제공

과학적 학습법이 총동원된 영단어 책!

짝단어로 의미 있게 외우니 효과 2배

문장이 써지면 이 영문법은 OK!

작은 빈칸부터 전체 문장까지 야금야금 완성

★ **딸을 위해 1년 간 서점을 뒤지다 찾아낸 보물 같은 책, 이 책은 무조건 사야 합니다.** – 어느 학부모의 찬사

★ **개인적으로 최고라고 생각하는 영어 시리즈!** – YBM어학원 10년 연속 최우수학원 원장, 허성원

생활 속 대화문으로 익히는 사이트 워드 학습법

'바쁜 초등학생을 위한 빠른 사이트 워드'

영어교육과 교수님, 도치맘 운영자, 영어책 저자 적극 추천!

대화문과 접목!

어린이들이 영어를 독립적으로 읽기 위해서 꼭 필요한 사이트 워드 학습을 생활 속 대화문과 접목해 재미있게 학습하는 것은 아주 효과적인 방법입니다. 영어 학습을 시작하는 어린이들이 '바빠 사이트 워드' 교재로 즐겁게 공부하여 영어책을 더 재미있고 쉽게, 또 많이 읽을 수 있기를 바랍니다.

김혜리 교수님(서울교육대학교 초등영어교육과)

동영상 강의

유아, 초등 영어의 4skills(듣기, 읽기, 말하기, 쓰기)를 익히는 데 있어 사이트 워드는 필수입니다. 박은정 선생님은 이 분야의 전문가죠! 사이트 워드 160개를 대화체 구문에 그대로 녹여 필수 회화까지 익힐 수 있고 동영상 강의로 아이들이 지루하지 않게 학습할 수 있어요!

도치해피맘 님(네이버 도치맘카페 엄마표 영어 담당 운영자)

영어 읽기 독립

아이가 영어책을 혼자서 읽는 단계에 접어든다면? 혼자 읽기에 속도를 더하고 싶다면? 고빈도 어휘 160개를 쉽고 재미있게 익힐 수 있는 이 책을 추천합니다! 이 책의 어휘들을 조금씩 익히다 보면 어느새 영어책 읽기 자신감이 쑥쑥 올라가고, 자연스럽게 '영어 읽기 독립' 단계로 넘어갈 수 있을 것입니다!

정정혜 선생님('혼자서 원서 읽기가 되는 영어 그림책 공부법' 저자)

권별 80개 단어 ⇒ 전 2권 160개 단어 완성

선생님 동영상을 보며 즐겁게 학습할 수 있대~
우아~

▲ 주의
책 모서리에 찍히거나 책장에 베이지 않게 조심하세요.

가격 12,000원

64740
9 791163 032397
ISBN 979-11-6303-239-7
ISBN 979-11-6303-213-7 (세트)